JN438647

봄날은 간다

서순초 수필집

봄날은 간다

서순초 수필집

수필과비평사

■ 머리말

첫 수필 집『꽃들의 반란』이후 오랜만에 2집『봄날은 간다』를 상재합니다.

그동안 켜켜이 쌓인 세월의 흔적들이 마치 널뛰기를 하듯 작품들 사이에서 출렁거려 시간의 격차를 보여주고 있습니다.

이제 팔순이라는 길 입구가 저만치 보이는 지점에 서고 보니 그동안 뿌려 놓은 씨앗들의 결실이 쭉정이든 알곡이든 간에 말끔하게 정리하여 한곳에 담아야겠다는 생각이 나를 재촉했습니다.

모처럼 창작 삼십여 년의 삶이 고스란히 담긴 글들을 마주하자 무렴하기도 하고 감회가 새롭기도 합니다.

아스라이 펼쳐진 세월의 이랑을 따라 걷다 보니 만감이 교차합니다.

열정과 패기 하나로 청춘을 불살랐던 그때 그 시절.

때로는 희생과 봉사, 나눔과 배려를 마음에 품고 동분서주했던 지난날들이 감사하면서도 회한이 따르기도 합니다.

오늘이 있기까지 보이지 않는 손으로 다독이며 어루만져 주신 내 주님께 감사 찬미 드립니다.

사랑하는 가족과 특히 반백 년을 넘게 함께한 나의 등대지기 남편, 긴긴 날을 병수발에 집안일까지 도맡은 그이에게 무슨 말로 내 마음을 전할지, 그저 고맙고 미안할 뿐입니다.

그리고 끈끈하게 엮어진 글방 동인들과 교우들에게도 사랑의 헌사로 대신합니다.

■ 목차

1부 봄날은 간다

2부 9월이 오면

3부 그날 우리는

4부 할미꽃 연가

5부 **황혼의 엘레지**

6부 **이스라엘 성지 순례기**

1부 봄날은 간다

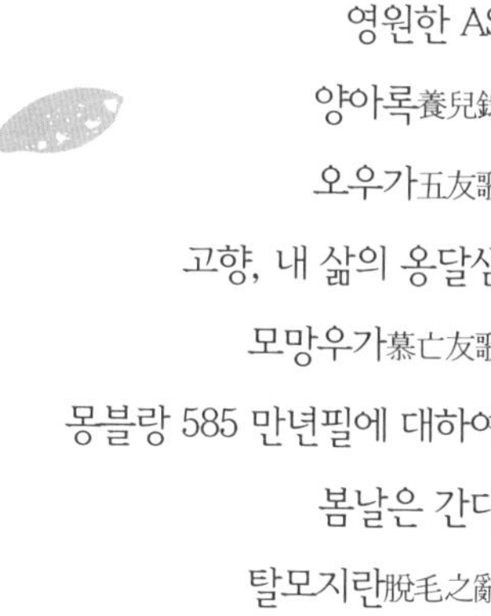

영원한 AS

S여사는 이름하여 AS 기사다. 그것도 제법 잘 나가는 기사다. 물론 고도의 전문 기술을 가진 것은 아니다. 오로지 어떤 순간에도 어떤 종류의 일도 몸 사리지 않고 해내는 성실함과 책임감으로 만능기사 직함을 땄다. 말이 나온 김에 S여사는 얼마나 유능한 기사인고 하니, 자정이 지나서도 S.O.S 신호가 떨어지면 아무리 곤한 잠에 빠져있다가도 용수철처럼 튕겨 나간다. 그렇지만 출동력만 뛰어나다고 해서 그 무슨 소용이랴. 어떤 악조건 속에서도 흔연스럽게 몸으로 때우고 가슴으로 쓸어안으며 소리소문 없이 주어진 일을 해결하는, 적절한 처신 또한 나무랄 데 없다. 하여, S여사의 복작대는 일상은 어느 하루 조

용하게 지나가는 날이 없다. 가지 많은 나무에 바람 잘 날 없듯이 사방에서 불어오는 소소한 바람 탓에 말도 많고 탈도 많다. 이 바람들을 잠재우려면 이 집 저 집을 들락거리는 S여사가 중심을 잘 잡아야 한다. 보는 대로 듣는 대로 발설했다가는 사방팔방이 시끄러워질 것이 불을 보듯 뻔하기 때문이다.

2008년 현재 S여사는 1년간 계약직으로 매우 중요한 AS 임무를 수행하고 있다. 둘째네 10개월짜리 베이비시터라는 주 업무에 7살인 유치원생 등원 도우미까지 해야 한다. 여기에다가 더 막중한 일은 가사도우미의 역할 또한 무리 없이 해내야 한다. 말이 쉽지 가사를 전담한다는 것이 어디 그리 쉬운 일인가. 집안 구석구석 주부의 손길 안 닿는 곳이 어디 있으며 금쪽같은 내 새끼들 먹이고 입히는 일인데 한 치의 소홀함이 어디 있으랴. 어차피 보살펴 줘야할 형편이면 몸과 맘을 다하여 맡은 바 임무에 충실해야 한다는 것이 평소 S여사의 소신이다.

서로 출근하는 시간들이 달라 아침 식탁만도 세 번을 차려야 하는 번거로움과 아기 엄마 도시락까지 챙겨 내보내고 나면 나른한 아침은 어느새 저만큼 물러나 있다. 아기가 잠든 사이사이 이유식을 만들고 빨래를 삶아 널어야 한다. 다리미질과 청소를 하며 저녁 찬거리를 준비하느라 종종걸음을 치다보면 하루가 어떻게 지나가는지 도통 다른 생각을 할 여지가 없는 것이다. 이렇듯 이 한 집 일만으로도 차고 넘치는데 엊그제 셋째가 아기를 출산하여 여건상 밤으로만 이어지는 산후도우미가 추가되더니 이번에는 집 떠나 자취하고 있는 넷째에게서 반찬이 동이 났다는 전갈이 온다. 숨통 트일 여유 없이 일거리가 밀려오지만 이 분야에 이골이 난 여사의 얼굴은 아무런 동요도 없다. 만사 폐일언하고, 그때부터 머릿속은 이미 아들에게 보낼 메뉴판이 씽씽 돌아가고 있는 것이다. '고기는 사서 먹을 수 있어도 야채는 못 챙기니 뭣이라, 우엉조림에 고추장볶음, 파랗게 익힌 꽈리고추에다 양파 듬뿍 썰어넣은 멸치 볶음, 그리고 녀석은 적당히 숙성된 고들빼기 김치를 좋아하지.'

혼자서 두런거리며 드디어 행동 개시, 여사는 유모차에 아기를 태워 동네 장터로 향한다. 문득, 상가 유리창에 유모차를 밀고 가는 S여사의 모습이 눈에 들어온다. 자식 넷을 장성시키고도 여전히 네버엔딩 AS를 고수하는, 세계 초일류 기업의 서비스도 따라오지 못할 저 마음 저 자세를, 우리는 모정(母情)이라 부른다. 목숨이 다할 때까지 어쩌면 다하고 나서도 차마 끊지 못할 어미의 정은, 어떤 대가도 없이 영원히 지속될 무한대의 AS를 가능하게 하는 것이다.

자식을 향한 영원한 AS, 도대체 그 끝은 어디인가. 끙끙 앓다가도 자식 소리에 벌떡 일어나고, 몸이 힘들어도 자식 일이라면 마음만은 하늘까지 출렁이는 그 모정으로, 지금 S여사는 유모차를 밀고 간다. 가볍게 콧노래까지 흥얼거리며.

양아록養兒錄

0월 00일

아이는 애초부터 낮과 밤이 바뀌었다. 낮에는 제아무리 흔들어대고 뒹굴쳐도 천하 없이 잠 속에 빠져있다가, 날이 어두워지면 기지개를 켜며 활동을 개시한다. 보통 백일이 지나면 정상으로 돌아간다는데 아이는 바뀔 가능성이 전혀 보이지 않는다.

하여, 허구헌날 제 어미와 2교대로 아이를 본다. 새벽 2시경 바톤 터치를 하고 나면 그때부터 불침번은 내 차례인데 어떻게든 아이의 울음소리를 막아야 한다. 아이 울음소리에 에미가 깰세라 아예 포대기를 두르고 밖으로 나와 버린다. 칠흑 같은 밤에 그것도 꼭두새벽에 복도를 서성인다. 스스로에게 최면을 걸며 가만가만 속삭이듯 나름대로 흥얼거리며 무섬증을 삭힌다. 온몸으로 어우르며 발로 장단까지 맞춰가며, '자장자장 우리 아기 잘도 잔다. 자장자장, 꼬꼬닭아 우지마라. 우리 아기 잠잔단다. 자장자장 자장자장, 삽살개야 짖지 마라. 우리 아기 잠잔단다. 자장자장 자장자장…'.

0월 00일

제 어미가 출근을 하려고 옷장문을 열면 어떻게 알아채는지 바지가랑이를 틀어잡고 쳐다보는 눈빛이 애처롭다. 차마 뿌리치지 못하고 애틋한 모자간 별리의 장면은 한참 길어진다.

"아들아, 미안해. 정말 미안해. 할머니하고 잘 놀고 있으면 엄마가 쭈쭈 갖고 이따 올게."

실랑이를 하다가 결국 현관문이 닫혀지고 아이는 울음보를 터트린다. 너무도 서러운 울음을…. 곧장 어미의 또각거리는 발소리가 안 들리는 걸로 봐서 문 앞에 그대로 서 있을 게다. 새끼 우는 소리를 들으며 맘속으로 저도 울고 있을 것이다.

0월 00일

오늘도 제 어미는 점심시간을 틈 타 가파른 오르막길을 한걸음에 달려온 모양이다. 헐떡거리는 목소리로 아이를 부른다.

낯익은 목소리가 들리면 귀를 쫑긋거리다 소리나는 쪽으로 기어가는 폼이 거의 필사적이다. 무슨 자석에 끌려 저리도 발발, 혼신의 힘을 다해 기어가는 것인가.

어미는 순간 가슴을 풀어 헤치고 퉁퉁 불어있는 젖을 물린다. 꿀떡꿀떡 넘어가는 소리가 수도꼭지를 틀어놓은 듯 줄기차다. 돌이 며칠 안 남았는데도 젖을 먹이고 있다. 피골이 상접한 딸을 볼 때마다 그만 먹이라고 줄기차게 말해봐도 소용없다. 사뭇 잔소리를 하면 힘없는 목소리로 종일 떼어 놓고 돌봐주지 못한 어미 심정은 이렇게라도 교감을 나누며 미안함을 달래고 싶다는데 무슨 말이 더 필요하리. 제 몸 상하는 줄 모르고 제 새끼 먹이겠노라고 저러는 걸 보니, 내 마음은 속절없이 타들어 간다.

0월 00일

청소기를 돌리면 순간 눈에서 빛을 발하며 뒤쫓아와 청소기 본체를 붙잡고 부지런히 따라다닌다. 혓바닥을 쏘옥 빼고 헤헤거리며 서툰 걸음마 연습을 스릴있게 해낸다. 그러다가 발이라도 헛디뎌 나동그라지면 숨넘어갈 듯 울어대가도, 7전 8기 또 다시 일어나 달려들기를 반복한다. 단 1분도 쉴새없이 계속 움직이고만 있는 저 에너지는 대체 어디서 솟아날까. 과연 아이들은 움직이면서 크나 보다.

0월 00일

유현이가 요새 한창 재롱을 부린다. "짝짜꿍 짝짜꿍" 할미가 노래하고 손뼉치며 춤을 추면, 아이는 할미 흥에 맞춰서 엉덩방아를 찧어가며 짝짜꿍 짝짜꿍 새로 돋은 하얀 이를 반짝이며 째져라고 웃는다. 할미는 또 다시 새로운 장기를 시도한다. "안~ 녕"하면 그 말이 끝나기도 전에 고사리 손을 열심히 흔들다가 "고맙습니다"로 이어지면 머리를 그지없이 수그린다. 쉴새없이 계속되는 할미의 주문에 지친 듯 느닷없이 품 안에 달려들어 얼굴을 부벼가며 여리디여린 생명의 숨결을 쌔근댄다. 그리고서 한참을 숨을 고르더니 또 다시 시작하라는 듯 할미를 보며 손뼉을 친다. 아이는 날로날로 새로운 몸짓으로 재롱을 떨고, 할미는 그 재미에 빠져 시름을 던다.

0월 00일

이제 갓 7살 된 누나는 제 동생을 끔찍이도 사랑한다. 아침에 눈을 뜨면 동생 곁으로 다가가 코맹맹이 소리로 이름을 부르며 자꾸만 쓰다듬는다. 동생은 잠결에 목소리만 듣고도 빙긋이 웃으며 누나의 목에 팔을 올리고 스르르 또 잠에 취한다. 계속되는 누나의 간지럼에 엎치락뒤치락 고물거리며 까륵까륵 해맑은 웃음소리가 집안에 가득하다.

0월 00일

유현이가 아프다. 많이 아픈가 보다. 얼굴이 벌겋게 달아오르고 양팔이 아래로 축 쳐진 채로 할미 등에 업혀 칭얼거린다. 이 한밤중에 어디로 가야 할까. 종일 징징거리며 노는 것이 시원치 않았다면 감을 잡아야 했었는데, 아둔한 할미 때문에 괜한 고생을 시킨 것 같아 미안하고 속상하다. '뭘 잘못 먹였을까?', '행여 비닐 조각이라도 삼켰을까?', '할미가 혹여 무슨 잘못한 일이 있나?' 아이가 잘 먹고 잘 놀 때는 이런저런 생각이 없다가도 이런 위급 상황이 벌어지면 외쪽인 할머니는 난감해진다.

'왜 내가 지금 이 집에 있는가?', '무슨 영화를 보겠다고 만사를 다 접고 이곳에 와 있단 말인가?' 출장을 핑계 치고 슬쩍 내려가버린 애들 외할아버지처럼 오늘 나도 소리 없이 사라지고 싶어진다. 지금 당장에.

0월 00일

무쇠덩어리라고 제아무리 주위의 입살에 오르내리는 사람도 나이와 체력의 한계에는 별 수가 없나 보다. 쌓인 피로 때문인지 그만 자리에 눕고 말았다. 온통 하루 밤낮을 찐득한 땀에 절여 끙끙 앓았다. 분간 못하고 늘어지게 한잠 자고 났더니 한결 몸이 가볍다.

누워서 생각하니 하느님은 참으로 오묘하시다. '이대로 가다가는 네 몸이 작살난다. 하루만 푹 쉬거라.' 하신 듯하다. 오랜만에 나름대로 망중한에 빠져 있는데 전화벨이 울린다. "여보, 나야. 오늘 저녁은 또 무엇으로 때울까?" 홀로 빈집을 지키고 있는 남편의 아이 보채듯한 그 목소리 처량도 하다.

0월 00일

오늘 오후 유현이가 드디어 홀로 섰다. 그리고 서너 발 떼다가 주저앉기를 수십 번. 그러나 오뚝이처럼 다시 일어서기를 반복한다. 대견하다. '내 강아지가 언제 이렇게 컸나!' 보고 또 보아도, 오지기만 하다.

0월 00일

오늘 유현이의 귀빠진 날이다. 꼬까옷을 입고 조가비만한 신발을 신고 비뚤빼뚤 걸음마를 한다. 주위에서 박수를 치니 저도 덩달아 손뼉을 치며 넘어질 듯 사리사리 걸어간다. 양가兩家 가족들이 모처럼 한자리에 모였다. 첫돌을 축하하기 위해 조촐한 자리를 마련한 것이다. 이 자리에서 뜻밖의 선물을 받았다. 사돈 내외분께서 곡진한 말씀과 함께 작은 선물 상자를 내밀었다. 순간 몸 둘 바를 몰랐다. 포장지를 펴보니 금목걸이가 불빛에 반짝거렸다. 사돈은 유현 에미를 불러 손수 어머니 목에 걸어드리라고 했다. 박수 소리가 요란했다. 진땀이 났다. 애쓴 보람 알아주셔서 감사했다. 그동안의 섭섭함도 함께 묻혀졌다. 그러나 한편으로는 어깨가 무거워졌다.

나는 시방 금목걸이를 만지면서 피식 웃음이 나왔다. 두 가지 의미가 담긴 웃음이다. 사람의 마음이 참으로 간사스럽고 치사하다 싶어 웃는 웃음, 그리고 한편으로 이 목걸이가 당분간 족쇄가 될 것만 같아 웃는 웃음.

오우가五友歌

항아리

그녀는 파르스름한 색을 머금은 청백색 백자항아리이다. 반들반들 윤이 나서 눈이 부신, 기품 있고 때깔 고운 항아리다. 천년을 산다 한들 그 빛깔, 그 자태 그대로 머물러 있을 것만 같은 변함없는 모습이다. 맨 막내이면서도 맏이처럼 신중하고 지혜롭다. 한편으론 상대방의 언행이 아무리 사리에 안 맞아도 맞장을 하고 고개를 주억거리며 가타부타 말없이 듣고만 있는 것이 옥에 티다.

어느 날 순풍에 돛을 달고 승승장구 항해하던 그들의 배가 암초에 부딪쳐 그만 좌초하고 말았다. 꿈에도 생각 못했던 일, 유독 금슬이 좋았던 부부의 이별은 그렇게 청천벽력으로 다가왔다. 아무런 준비도 대책도 없이 남편을 보내버린 그녀는 그날부터 사방 문을 꼭꼭 닫아버렸고 스스로 죄인이라 가슴 치며 날마다 차디찬 무덤가를 배도는 일이 일과였다. 그의 단짝 친구들은 발을 동동거리며 그 주위를 함께 뱅뱅 돌고 있었다. 행여 그녀가 모진 맘을 먹을까 봐 겁이 나서 뱅뱅. 그 넓은 집에서 혼자 통곡하다 실신할까 조바심에 뱅뱅. 날마다 눈을 뜨면 전화로 목소리를 확인하며, 행여 백자에 균열이 생길까 봐 모두들 전전긍긍하며 안달이다.

질그릇

만사태평 여사. 까무잡잡한 피부에 이목구비가 또렷한 그녀는, 속마음이야 어떻든 매사에 거칠 것이 없다. 배를 뚱 내밀고 팔자걸음으로 어기적거리는 폼부터 웃음보를 자아낸다. 사뭇 화가 났다거나 급하다 싶으면 움푹한 눈을 쉴 새 없이 깜박거리며 말까지 더듬어 버린다. 하여 항상 말의 흐름이 거두절미하고 가운데 토막만 무 자르듯 툭하고 말지만 왕년의 여학교 가정 선생님이시다. 그의 핸드백은 만물상이다. 비닐봉투부터 시작하여 각종 약품, 생활용품 등이 두루 갖춰있다. 말만 하면 척척 대령이다. 준비성이 치밀하듯 인간관계에 있어 의리 또한 각별하다. 거기다가 리듬을 타는 데는 탁월한 끼로 한몫을 한다. 동문회에 가면 후배, 제자들을 제쳐두고 마이크를 먼저 잡는다. 그는 생짜 자연의 목소리로 희한한 모션을 써가며 거침없이 하이킥이다. 춤을 덩실덩실 추며 제 맘대로 부르는 노래지만 뭇사람들을 즐겁게 하는 데는 한 재주가 있다. 토속적이고 질박한 질그릇처럼 소박하고 꾸밈이 없어 만인의 연인이다.

종지기

한 손에 쏘옥 들어오는 앙증맞고 깔끔한 종지기. 그 중에서도 배가 불뚝나온 다소 욕심스럽고 사랑스런 종지기다. 비록 오 척 단구로 '똠방 각하'라는 애칭을 달았지만 삼동이 딱 들어맞아 옷매무새가 멋이 잘잘 흐른다. 그녀의 마를 줄 모르는 재담과 가무는 일품이다. 맛깔스런 와이담은 타의 추종을 불허하며 꼽추춤은 그녀를 따라올 자 없다. 가끔 쌩뚱스런 말로 어안이 벙벙하게 한다거나 대답이 너무 쉬워 불발탄으로 끝날 때도 많지만, 천성이 여리고 착하여 웬만한 것은 스스로 포용하고 안아 버린다. 여행을 가면 맡아 놓고 설거지 담당을 자처한다. 매사에 긍정적이고 어디를 가나 웃음을 몰고 다녔던 그녀. 그러나 한 치 앞을 내다볼 수 없는 것이 인생이라 했던가. 어느 날 억장이 무너질 일을 당했다. 남편의 건강 검진을 위해 동행했다가 남편이 검사 도중에 마취에서 깨어나질 못하고 영영 못 올 길로 떠나버렸다. 김밥 싸들고 소풍가듯 상행선 기차에 몸을 실었던 그들. 한 사람은 불귀의 객이 되고 남은 한 사람은 지금 넋이 나가 있다. 아직도 그녀의 입은 열릴 줄을 모른다.

냄비

냄비 중에서도 열전도율이 제일 높은 양은냄비. 한순간에 펄펄 끓는다. 아니 끓다 못해 터져 버린다. 터지면서 튕겨 나오는 말들의 향연이 다채롭다. 화가 나면 그녀는 말이 더 잘 나온다. 속사포로 쏟아내는 억지스런 말을 감당할 재간이 없다. 졸지에 벼락을 맞는 사람은 환장할 일이다. 조막만한 것이. 친구인 풍구의 한쪽 다리통보다 못한 깡마른 체구에 입은 사자처럼 포효한다. 그러다가 꼬리를 내리는 것도 순식간이다. 불리하다 싶으면 한쪽으로 쪼그리고 앉아 너무도 불쌍하게 소리를 낮춰 최선을 다해 우는 것이다. 억지 눈물을 빼는 것인지 받은기침을 해가며 주위의 동정을 살피듯 우는 것이 특징이다. 그렇지만 사업가인 그녀는 한마디로 여장부다. 일을 벌이고 추진하는 데는 남자 열 몫을 한다. 연극배우 같은 파란만장한 인생이지만 주위를 살피고 챙기는 마음 씀씀이는 그 누구도 따라갈 수 없다. 지나가는 걸인도 그냥 지나친 일 없고, 부리는 종업원에게도 최선을 다 한다. 매사에 아낌없이 자기를 내준다. 맘에 맞으면 간까지 빼줄 태세다. 그러다가도 수가 틀리면 펄펄 끓은 냄비를 순식간에 엎어 버리고 만다.

풍구

풍구는 말 그대로 바람을 불어주는 기구다. 풍구는 이들의 바람이다. 심심하다 싶으면 바람을 불어넣고 쏘삭거려 어디론가 떠난다거나 순간에 이벤트를 만드는 것이 주특기다. 바람을 일으킬 때는 그에 준한 책임도 함께 져야 하는 법. 덥수룩한 손으로 조물조물, 그 옛날 어머니의 손맛을 느끼게 하는 음식을 만들어 그들의 입을 즐겁게 해줘야 한다. 풍구는 이들의 통반장이다. 애경사나 그밖에 갑작스런 일이 생길 때 의견을 종합 통솔하고 통장까지 관리한다. 그러나 욱 하는 성질이 있어 가끔 시시비시를 따져 솔로몬의 재판을 주저하지 않는다. 거기다가 한두 명도 아니고 다섯 명의 군사를 거느리려면 군기도 잡아야 하지만 융화 제스처 또한 필수 조건이다. 바람을 불어 넣을 때도 있어야 하고 잠재울 재주도 부릴 줄 알아야 한다는 것이다. 오늘도 풍구는 항아리와 질그릇, 종지기, 냄비와 함께 회갑을 맞아 어디론가 떠날 생각으로 머릿속이 한참 수선스럽다.

이들 항아리와 질그릇, 종지기, 냄비, 그리고 풍구는 어릴 적 친구들이다. 각자 이미지에 맞춰 붙여본 애칭으로 초등학교 때 만나서 중간에 잠깐 헤어졌다 다시 만나 이 세월을 함께해 온 죽마고우들이다. 뒹굴고 껴안으며 살다보니 각자의 마음들을 손금 들여다보듯 환하게 들여다 본다. 목소리만 듣고도 현재 상태가 어떤지를 직감적으로 금방 알아차린다. 이들과 만나면 완전히 옛날로 돌아간다. 염치도 체면도 없다. 그저 하얀 바닥일

뿐 더 이상도 이하도 없는 것이다. 노는 짓이 영락없는 어린이다. 치사하기가 그지없다. 툭하면 삐치고 징징거리다 또 언제 그랬느냐 싶게 한통속이 되어 지지고 볶으며 까불어 댄다. 그래서 이 울 안이 그들만의 요람이며 자유의 공간이다. 한없이 편하고 자유스러워 걸핏하면 어떤 구실로든 만나려고 기를 쓴다. 그중 한 명만 빠져도 어색하고 구색이 안 맞는다. 어딘가 구멍이 뚫린 것 같고 허전하여 시무룩해지기 일쑤다. 그들 중 누군가가 일을 당하면 일사불란하게 행동으로 옮기고 한 몸이 되어 똘똘 뭉쳐 버린다. 거의 반평생을 동고동락하며 함께 걸어가는 보석 같은 동무들. 천만금을 준다한들 이보다 더 귀한 보물이 어디 있으리. 남은 생이 다 하는 날까지 이 소중한 인연 곱게 간직하며 각박한 세상. 더도 말고 이렇게 사심 없이 손과 손을 맞잡고 살고 싶은 것이다.

십수 년 전부터는 아예 부부동반으로 남자들 역시 호형호제하며 동기간처럼 지냈는데, 두 분의 부재로 이제는 예전처럼 부부동반으로 만날 기회는 거의 없을 것이다. 그저 또 다섯이 평소와 똑같이 왜 나를 하필이면 냄비라고 했느냐 투덜거릴 테고, 현직 선생님한테 종지기가 말이나 되느냐, 아니면 촌스럽게 질그릇이냐며 눈을 흘길 것이고, 항아리는 입을 꼬옥 다물고 속으로만 꿍알거릴 것이다. 그리고 지금껏 그래왔듯이 험한 인생 여로 우린 함께 보듬으며 재잘재잘 걸어갈 것이다.

고향, 내 삶의 옹달샘

내 가슴 한 켠에는
깊고도 맑은 샘물 하나 흐르고 있다.
마시고 또 마셔도 질리지 않는
마법 같은 샘물 하나 흐르고 있다.
가뭇없이 흔들리는 그 안에서
내 유년의 풋풋한 사연 건져 올리고
새실새실 피어나는 내 고향 탐진의
이야기도 건져 올리며
감미롭고 달콤한 사유에 젖을 때가
나는 참 좋다.

누구인들 꽃향기 그윽한 기억 한 자락
가슴에 간직하지 않는 사람 없으리마는
유독 내 가슴에는 감꽃 물든 고향의 추억들이
물결치듯 넘실대며 흐르고 또 흐른다.
옛일이 생각날 때마다 회억의 샘가를 맴돌며
키득키득 혼자서 키득거리며 이 각박한 세상
지난 세월 한자락 붙들고 웃을 수 있는 추억이 있어
나는 시방 참 좋다

고향으로 가는 길목에는 키 큰 코스모스가 군락을 이뤄 춤추듯 한들거렸다. 문득 코스모스 닮은 옛 동무의 얼굴이 얼씬거리고 허리를 휘어잡고 깔깔거리던 웃음소리가 귓가에 맴돈다.

구불구불 산길을 따라가다 초령이라 불리는 불티재를 훌쩍 넘어서면 성전 무위사를 시작으로 다산 초당, 백련사, 영랑 생가, 칠량 옹기마을 등 유형, 무형의 문화재들이 살아 숨쉬는 곳. 이곳이 바로 남도 답사 일번지로 불리는 내 고향 강진이다.

말투가 다소 투박하고 거칠기는 하나, 구수한 사투리와 방언들이 질기면서도 씹을수록 향이 깊은 토종닭, 바로 그 맛이다. 강한 악센트 역시 이 고장의 기질이요 정서며 몸짓이다.

가끔씩 삶이 고달프고 만사가 시들해질 때 무작정 발길이 와 닿는 곳. 내 비록 지금 고향 집에 기다리는 이 아무도 없지만 그리움으로 밀려오는 지난 시간들의 흔적을 찾아 가끔 이곳에 선다.

자운영 흐드러진 들판을 지나 시오 리 통학 길을 오가던 길목에서 이마를 맞대고 소곤거리다 입이 맞춰지면 탑동골 영랑 생가로 발길을 돌리곤 했다. 지금은 서울에 살고 있는 내 친구 집이었기에 더 뻔질나게 드나들었던 것 같다. 틈만 나면 우르르 그곳으로 몰려가 아름드리 은행나무 아래서 노란 은행잎을 주워 책갈피에 끼워 넣으며 무엇이 그리 우스웠는지 웃음보가 한 번 터지면 데굴데굴 굴렀다. 또 모란 밭 옆 사랑채 툇마루에 줄줄이 걸터앉아 눈을 지그시 감고 '사개틀린 고풍의 툇마루'라는 시를 시작으로 귀에 익은 시들을 고리로 연결하여 읊조리다가 사르르 감잎 떨어지는 소리에 놀란 척 호들갑을 떨며 '오메, 단풍 들것네. 장광에 골붉은 감잎 날아와……'를 읊조리던 유년의 기억들이 새롭다.

그 시절, 구강포구 뱃길 삼백 리에 얽힌 바다를 나는 잊을 수가 없다. 머리에 흰 수건을 질끈 동여매고 노를 젓던 사공과 나룻배와 강나루의 풍광은 두고두고 그리움의 표상이었다.

한 폭의 그림으로 떠있던 낭만의 바닷가엔 사시사철 우리의 발길이 끊이지 않았다. 아홉 골에서 모인 강물이 바다와 만나는 지점이 바로 내 탯胎자리인 강진 목리라는 동네다. 미역을 감고 물장구치며 갱조개를 잡던 어린시절, 그 속에서 소녀의 꿈이 무르익고 철없던 풋사랑도 익어갔다.

안타깝게도 이것들이 시나브로 자취를 감추고 처음으로 콘크리트 육중한 다리가 놓여졌다. 우리는 또 그 다리를 미라보 다리라 이름 지었고, 그 밑으로 흐르는 강물을 세느강이라 불렀다. 우리가 아포르네르의 시 '미라보 다리 아래 세느강은 흐르고 우리들의 사랑도 흐른다… '를 주절거리며 청춘을 불살랐던 곳, 찬 이슬에 젖으며 한없이 걷고 또 걸었던 둑길, 삐삐 꽃 뽑아 질겅질겅 씹으며 그 둑가에 앉아 바라보는 밤바다를 무슨 말로 어우르랴. 고기잡이를 나갔던 똑닥배들이 모여들고 여름날 반딧불처럼 반짝이던 갑판위의 호롱불과 하늘의 별들이 쏟아져 내려 바다는 온통 홍보석을 깔아 놓은 듯 황홀했다.

탐진강 하류 쪽으로 길게 뻗어 있는 둑길을 따라 걷노라면 해창만灣이 보이고 그곳에 머리를 풀어헤친 갈대숲이 장관을 이뤘다. 은빛 물결로 쓰러질 듯 다시 일어서며 서걱거리는 소리가 그들만의 함성으로 들리기도 하고 처절한 몸부림으로 가슴에 와 닿기도 했다. 갈대숲에 머물다가 서서히 걷다보면 비로소 다산의 18년 유배지 귤동 마을의 초입에 들어선다. 다산 초당에 들러 옛 선인의 숨결을 느끼면서 잘 우린 녹차 한 잔을 마시며 담소를 즐기다보면 신선이 따로 없다. 저물녘 만덕산 자락에 자리잡고 있는 백련사로 발길을 옮긴다. 그 절집의 추억 또한 어찌 잊으랴. 산꿩이 지척에서 푸드덕거리던 좁은 산길을 오르노라면 핏빛 서러운 동백꽃 숲길이 왠지 가슴을 메이게 했다. 산사에 올라 배롱나무 아래서 굽어다 보는 해무海霧에 싸인 바다는 한 폭의 수채화 바로 그것이었다. 지금도 내 가슴에 고여 있는 이 샘물은 늘 푸르던 저 바다 곁에서 잠을 자고 눈을 뜬 유년의 내 감수성이 녹아들어 생겨난 것인지도 모른다. 그래서 고향은 내 어설픈 문학의 모태요, 그리움의 원천이며, 가난한 내 영혼을 살찌우는 자양분이다.

발길을 돌려 지금은 아무도 살지 않는 친정집을 둘러보고 싶어 새로 난 넓은 길을 마다하고 옛길을 찾았다. 신발이 닳도록 들락거렸던 그 길은 잡초 속에 파묻혀 피폐한 모습으로 누워 있었다. 잡초 속에 피어난 민들레, 쑥부쟁이, 냉이들을 쓸어 만지며 천천히 걸었다. 불쑥 지금은 세상에 없는 옛 동무가 생각나서 목울대가 싸하다. 혹독한 보릿고개 시절에 한 개에 십 원하던 붕어빵을 용케 사들고 지느러미부터 떼어가며 아껴먹던 아린 추억, 집에 다 올 때까지도 손안에 머리통이 남아있어 오달진 표정으로 약을 올리던 꼽꼽쟁이 원이가 하필이면 이 길 속에서 보일까.

비스듬히 무너져간 문간채 대문에 들어서니 집안은 혼 나간 듯 무겁게 가라앉아 있고 넓은 마당은 허리까지 닿을 듯 잡풀로 덮여 있다. 뒤란으로 돌아가 보니 어머니가 일없이 가꾸던 삼밭은 묵정밭이 되어 있고 집안을 한 바퀴 돌아 나오다 보니 행랑채 곳간 문에 녹슨 자물통이 굳게 잠겨 있었다. 삼대가 모여 북적거리던 안 골목 서 씨네 그 가솔들은 다 어디로 가고 허물어진 담장과 녹슨 자물통만 쓸쓸히 나를 반기는가.

내 모습이 변했고 세상이 몰라보게 변했듯이 고향 역시 옛 모습이란 찾아볼 수 없다. 그렇게 길고 넓었던 다리는 너무나 왜소했고 내가 나고 자랐던 집은 왜 이리 비좁고 초라한가.

그러나 이곳에서의 추억들은 내 가슴속 깊은 곳에 자리잡아 영원히 마르지 않는 옹달샘의 전설로 남아 있을 것이다.

모망우가慕亡友歌

나는 한평생 친구를 불시에 잃었다. 그녀는 운전 중에 심장마비로 돌연 생을 마감했다. 떠밀리듯 그녀를 보내고 허망히 앉아 있다가, 단장지통斷腸之痛의 별리別離 앞에 시 한 수를 읊는다.

친구야, 너 지금 어디 있느냐
어디에 있기에 몇 날 며칠을 기다려도 오지 않느냐
부르다 부르다가 기진해 버린 네 단짝들이 여기 있는데
도대체 어디서 무슨 해찰 부리느라 이리 더디 오느냐.

스산한 초가을 구월 스무엿샛날 오전 열한 시

청천 하늘에 날벼락이요 기막힘이요 통곡이라
여보야, 엄마야, 친구야, 내 경자야, 울부짖는 저 소리
피맺힌 이 절규를 땅이 알까 하늘이 알까

아무리 생각해도 있을 수 없는 일
생살을 꼬집어 봐도 꿈은 진정 아닌데 친구야
너를 보내고 남은 우리 어찌 숨을 쉬고 살아야 하리
발길 닿는 곳곳에 아른거릴 네 흔적 무엇으로 지우리

얼마나 홀로 아팠을까 얼마나 홀로 무서웠을까
먹장 같은 공포로 두 눈 부릅뜨고 가쁜 숨 몰아쉴 때
천지간에 부를 사람 옆에 없어 얼마나 절망했을까
미안하다 친구야, 지켜주지 못한 죄 통한으로 남는구나

인생은 뜬 구름이요 아침 이슬이라
그 덧없음을 탓하여 무엇하리
만남이 바로 이별의 시작이라지만
친구야, 이건 너무하지 않느냐
한마디 말도 없이 미련도 없이
한순간에 선홍 빛 동백으로 툭 떨어져
남은 자의 가슴에 피멍으로 물들다니

이런 억지 무슨 말로 대신하리
이것저것 소재 삼아 글 쓰는 글쟁이가
죽마고우 막역지우인
이 마경자 이름 한번 글 속에 끼워 줬느냐며
투정 투정 하더니
오우가五友歌 써 화답한 지 얼마나 되었다고
모든 것 내려놓고
외롭고도 먼 길 무에 그리 바빠서
너만 혼자 총총히 떠나느냐

이승과 저승의 갈림길이
이리도 멀고 아득한 길이련가
건너지 못 할 강 하나를 사이에 두고
그리움의 물살로 흐르는 너
와사사 와사사
갈바람에 나뭇잎 흔들리는 소리 처량하기 그지없네
아서라 부질없는 인생사 바람을 탓하여 무엇하리

아, 그립구나 우리 친구
아장바장 뒤뚱뒤뚱 배불뚝이 마 여사
느닷없이 전화 걸어 '건강해라' 뚝.

밑도 끝도 없이 흘리던 그 목소리 그립구나
잘 가거라, 친구야. 약속한 친구야
북망산 기슭에서 통반장 다하면서
이승의 인연으로 즐겁게 지내라
고통도 슬픔도 없는 하늘에서
한 마리 새가 되어 무주공산 훨훨 날아라 훨훨 …
지상에 남은 우리
한 알 한 알 묵주 알 굴리며 천국 낙원 기원하리.
사랑한다 친구야, 보고 싶다 내 친구야.

몽블랑 585 만년필에 대하여

세상이 변했다. 별스럽게 변했다. 그러나 내 책상 서랍 안에 가지런히 놓여있는 갖가지 만년필과 잉크병들은 변함없이 유효하다.

10년 전 지중해 쪽으로 여행을 갔을 때 두바이 공항 면세점에서 잠깐 쇼핑할 기회가 있었다. 그때도 내 눈에는 먼저 파카 만년필과 잉크병부터 들어왔다. 세계적인 명품들이 즐비하게 진열돼 있는 쇼윈도마다 조명발을 받아 번쩍번쩍 빛을 발하는데 하필이면 그것들에 눈이 꽂히다니. 나는 거침없이 그것을 사들고 오달진 마음에 이리저리 살피며 희죽거리다 일행들의 눈에 띄어 뜨악한 시선을 받았지만 그래도 흐뭇했다.

나는 어딜 가나 쌀독에 쌀을 비축하듯이 질 좋은 만년필과 잉크를 보면 그냥 못 지나갈 때가 많다. 지갑을 탈탈 털어서라도 기어코 손에 넣어야 직성이 풀린다. 사정이 여의치 못하면 만지기라도 하고 지나간다.

그 중에서도 보물처럼 아낀 것은 몽블랑 585 만년필이다. 이 만년필은 돈으로도 셈할 수 없고 그 무엇과도 바꿀 수 없는 내 마음속의 애인이요, 사랑이며 정이다. 이 만년필이 내 손에 들어오게 된 가슴 찡한 사연이 있다.

어느 날 40년 가까이 언론계에 몸 담으신 글방 동인 B선생님께서 나를 가만 부르셨다.

"이제 내게는 소용없는 물건이야. 필요한 사람에게 물려 줘야지. 이 만년필로 특별한 영감을 받아 부디 좋은 글 쓰시게."

합평 때면 회원들 거의가 컴퓨터로 깔끔하게 정리한 원고를 내미는데 유독 만년필로 정서해 가던 나를 눈여겨 보신 듯했다. 허투루 보지 않으시고 세심하게 살펴 챙겨주신 큰 마음과, 가만히 만년필을 건네주시면서 지으시던 왕년의 명 칼럼니스트의 쓸쓸한 미소를 나는 지금도 잊을 수 없다.

그 후 어딜 가든 이 만년필은 나와 함께했다. 무슨 조홧속인지 갑작스런 메모거리가 스치고 지나갈라치면 이 만년필을 굴려야 했고, 원고를 쓸 때도 이 만년필로 초안을 잡아야지만 제대로 문장이 풀려 나갔다.

그런데 몇 년 전 이 만년필 때문에 큰 소동을 겪었다. 중국 여행을 갔을 때의 일이다. 장백산 천지를 구경하고 내려오는데 느닷없이 마른 하늘에서 소낙비가 쏟아지기 시작했다. 앞을 가늠할 수 없는 굵은 빗방울로 인해 온몸이 흠뻑 젖어 버렸다. 간신히 버스에 탑승한 나는 우선 메모지와 만년필이 들어 있는 조끼를 벗어 의자 등받이에 잘 펴서 올려놨다. 목적지에 도착하자 비는 그쳤다. 나는 미련없이 버스에서 내렸다. 그리고 그 버스는 바로 다른 스케줄에 맞춰 떠나버렸다.

오늘 일정을 수첩에 정리하려다, '아뿔사!' 그때야 만년필을 꽂아둔 조끼를 놔두고 내린 것을 알게 되었다. 그때부터 내 정신이 아니었다. 버스는 이미 떠나버렸고, 그 조끼는 찾을 길이 없다는 가혹한 가이드의 말에 그만 이성을 잃고 말았다. 높은 언성이 오가고, 무작정 떼를 쓰는 아이처럼 질기게도 매달렸다.

동행했던 동료들마저 그까짓 만년필이 무슨 대단한 것이라고 저리 유난을 떨까 하는 표정들이어서 나는 야박한 인심에 더욱 더 분기탱천했다.

그 이튿날 가이드는 여행사 직원들을 동원해 그 탈색된 조끼를 찾아왔다. 나는 만년필을 확인하고 잃어버린 아이를 찾은 듯 손에 꼬옥 쥐고서 닭똥 같은 눈물을 흘렸다. 그 후로 웬만하면 외출할 때 집에 두고 나서려고 해보지만, 그것이 맘과 같지 못해서 나도 유감이다.

내 손에 들어온 만년필 몽블랑 585.

14K 펜촉에서 흘러나오는 검정 잉크물이 활자가 되어 내 눈앞에 펼쳐지면서, 내 무딘 감성을 피안의 세계로 이끄는가 하면 때로는 눈물에 번진 글씨들이 아련한 옛 추억의 그리움으로 나를 감싸던 날들이 그 얼마던가.

지금은 디지털 세상. 빠르고 편리하다고 해서 차디찬 금속성에 나의 순수한 감성을 저당잡혀야 하다니, 손으로 글씨를 쓰는 것이 오히려 불편하고 어색해진 세상에 나 홀로 아날로그 세상을 그리워하며 이미 한물 간 만년필을 만지작거리고 있는 것이 객기일까, 주책일까. 내 비록 지금 도도한 시대의 흐름에 휩쓸리어 컴퓨터 앞에 앉아있지만 그래도 무엇인가 정성을 들일 때는 나는 여전히 만년필을 찾는다. 육필은 쓰는 이의 혼魂이요 예禮이다. 특히 내가 존경하는 분이거나 깊은 마음을 표현할 때는 어김없이 이 몽블랑 만년필을 찾는다. 만년필 한 개를 만들기 위해 무려 150여 회의 공정 과정을 수작업으로 진행하는 몽블랑 사의 만년필이라면, 상대방에게 내 마음의 정성을 있는 그대로 잘 전달해 줄 것 같기 때문이다.

나는 오늘도 늦은 시각까지 몽블랑 만년필과 같이 하고 있다. 너무 가볍거나 무겁지 않은 감촉으로 손가락에 척 감기는 몽블랑 585. 순간 막힘없이 써내려가다 보면 내가 글씨를 쓰는지 몽블랑 585가 스스로 글씨를 쓰는지 알지 못할 것 같은 그 느낌을 무슨 말로 표현할 수 있을까.

옛 시인은 자연과 '나'의 합일을 '물아일체物我一體'로 말씀하셨지만, 현대를 살아가는 나는 만년필로 글을 쓸 때 이 물아일체라는 말을 완전하게 체험하는 것 같다. 사위는 시방 어둠에 잠기고, 옆에 잠든 꼬마둥이 손자의 쌕쌕거리는 숨소리와 싸악싸악 펜촉이 마치는 소리만 가득하다. 잉크가 종이에 퍼지면서 은은하게 풍기는 향기에 취해 이 밤은 그렇게 깊어만 간다. 불현듯 레드 와인 한 잔이 생각나는 밤이다.

봄날은 간다

봄볕 출렁이던 어느 날.

양화대교를 건너다 강둑에 흐드러진 꽃들을 보았다. 무작정 다음 정거장에서 내렸다.

양손에 버거운 삶의 보따리를 걸머쥐고 기우뚱거리며 왔던 길을 되짚어 걸었다. 그곳에는 개나리, 진달래, 벚꽃은 물론, 작은 풀꽃들이 올망졸망 그야말로 봄을 뒤집어쓰고 있었다. 나는 지천으로 피어나는 꽃길을 걷다가 빛바랜 나무벤치에 들고 온 한 달치 약 보따리를 부리며 몸을 맡겼다. 그리고 무심히 한강을 굽어다 봤다. 유장히 흐르고 있는 물길을 하염없이 바라보다가 어느새 서푼도 안 되는 내 인생 여로를 더듬고 있음을 알았다. 흑백사진으로, 진양조 가락으로, 비디오테이프를 되감듯 돌아가는 지난날의 내 조촐한 삶의 파편들.

'그래, 너무 많이 와 버렸어. 되돌아가기에는 가망 없이 멀리와 버린 나의 삶, 나의 여정……. 그런데 서서히 삐걱거리기 시작하는 이 육신을 어쩐담? 하기야 소처럼 부려먹은 세월이 얼만데 무슨 할 말이. 그러나 질 때 지더라도 목련처럼 고통스럽게 지는 것보다는 동백처럼 어느 날 생짜로 뚝 떨어지고 말아야 할 텐데,' 생각이 여기에 머무르자 피식. 씁쓸한 미소는 바람이 되어 어디론가 날아갔다. 긴 여운을 남기며 너울너울 날아가고 있음을 시린 가슴으로 느낄 수가 있었다.

그런데, 그런데 저렇게 자지러질 듯 샛노란 개나리 꽃 무더기 속에서 나를 바라보며 화사하게 웃고 있는 저 할머니는 대체 누구인가. 연분홍 치맛자락을 왼손으로 살짝 여미고 또 한 손에는 면綿레이스로 갓을 두른 연 하늘색 양산을 받쳐 든 채 금방 어디론가 떠날 것 같은 유영遺影의 저 할머니는…. 왜 거의 10년 전에 보았던 영화의 한 장면이 잠시 잠깐 내 생의 봄날과 함께 오버랩 되면서 착시 현상을 일으킨 것일까. 그때 아련히 내 귓전을 스치고 지나가는 봄날처럼 아쉽고. 찬란해서 서러운 저 노랫소리.

연분홍 치마가 봄바람에 휘날리더라.
오늘도 옷고름 씹어가며
산제비 넘나드는 성황당 길에
꽃이 피면 같이 웃고 꽃이 지면 같이 울던
알뜰한 그 맹세에 봄날은 간다.

탈모지란脫毛之亂

미장원에 다녀왔다. 서울살이를 하면서 바꾼 미장원만도 이번이 세 번째. 오늘은 나이 지긋한 실버들 머리도 무리 없이 잘 다룬다는 소개를 받고 찾아간 곳이다. 우선 상담을 요청했다. 나의 설명과 애로사항을 메모해 가면서 심사숙고하던 원장님 말씀. "단단한 바위에서 풀이 잘 자란 거 봤습니까, 사모님의 현재 모발 상태는 최악입니다. 두피 자체가 굳을 대로 굳어 혈액 순환이 안 되다보니 모공이 자연 막히기 마련이고 영양공급을 받을 수가 없으니 이 지경이지요." 그러나 제 나름대로 임상실험에 따른 노하우가 있으니 염려 말고 무조건 믿고 따르면 된다고 했다. 또박또박 알기 쉽게 때로는 위기감을 느끼도록 유도하며 조단거리는 모양새가 어쩐지 이 분야에 달인인 것 같아 속으로 '제대로 찾아 왔구나!' 쾌재를 부르며 일단 맡겨 보기로 했다.

원장은 가위를 들고 잠시 나를 지그시 쳐다본다. 눈빛이 예사롭지 않다. 장인의 기품이다.

일단 스타일 구상이 끝났는지 드디어 가위질을 하면서 한 말씀 던진다. 얼굴 모양에 따라 머리형도 달라지는 법. 하여, 나 같은 경우는 앞머리는 가르마 없이 올백으로 숏컷트 하고 옆머리는 얼굴 따라 길게 잘라 단발머리로 마무리해 파마를 해야 한단다. 틀림없이 머리숱이 많아 보이면서 훨씬 젊어 보이고 아름다워질 것이라 장담을 했다.

자신감 넘치는 그분의 손에 머리를 송두리째 맡겨 버리고 나는 켜켜이 쌓여있는 월간지 화보들을 눈요기하며 책장 넘기기에 여념이 없었다.

2시간 후 머리를 감고 다시 의자에 앉았다. 두 명의 보조원들이 드라이기로 머리를 말리고 무슨 영양제를 흠뻑 발라 노련한 솜씨로 털고 닦으며 열심히 손질을 했다. 그들이 물러간 다음 미용업계의 대부인 듯 말하던 원장께서 최종 마무리를 하며 강의가 계속되었다. 미용도 엄연한 예술이다. 타고난 끼와 미적 감각과 철학이 없으면 아예 발을 들여놓지 말아야 함에도 어중이떠중이로 모여들어 이 바닥을 흐려놓는다며 열을 올렸다.

'어딜 가나 선의의 피해자는 있기 마련이구나.' 싶어 고개를 주억거리며 보던 책을 덮었다. 그리고 거울을 쳐다봤다. 전혀 딴판인 얼굴이 거기 있었다. 상상도 못했던 헤어스타일. '히야, 이게 누구람.' 앞머리는 빽빽 밀어 닛뽄도를 찬 사무라이 무사형이요, 옆머리는 빠글빠글 볶아 길게 뻗힌 다음 바람을 잔뜩 불어 넣은 딴따라 같은 이 여자는 누구인가. 전체적으로 아우르자면 여성적인 면이라고는 눈을 씻고 봐도 볼 수 없고, 떠오른 악상을 신열에 들떠 악보로 옮기는데 몰두하여 봉두난발이 된 악성樂聖 베토벤이 거울 속에 있었다. 그리고 몇 초 후에 악성 베토벤은 열이 벌겋게 달아올라 금방 울 듯 말 듯 난감한 표정으로 변해 버렸다.

눈앞이 아찔했다. 어떻게 처신해야 슬기롭게 넘어갈지. 생각할수록 부아가 치밀었다. '뭐, 예술, 끼, 철학?' 청산유수로 읊어 대던 달변으로 온갖 폼을 다 잡더니 고작 그가 말한 작품이 이 정도란 말인가. 상담을 할 때 간이라도 빼 줄 듯 나긋나긋한 음성으로 탈모 예방에 따른 처방법과 그에 따른 알 수 없는 약병들을 한 보따리 안겨주며 파마 후 정산하자고 했으니….

이건 아니다. 어느 누가 이 상황에 금방 윤기 자르르 흐르는 흑단 같은 머리칼이 솟아날 것 같이 속삭이던 그 말을 믿고 과연 약속을 이행할 수 있겠는가. 기가 차서 입술을 꽉 다문 채 씨근거리고 있는데 뱃심 좋은 그 여자, 참새 같은 눈알을 요리저리 굴려가며 한술 더 뜬다.

"사모님, 얼마나 생기발랄하고 우아하고 지적인가요. 나이

들수록 이제는 헤어스타일이 톡톡 튀는 첨단을 걸어야만 젊게 보여요."

첨단이라. 첨단 과학, 첨단 산업, 첨단 기술, 첨단을 외치며 돌아가는 세상. 노인네 파마머리에도 굳이 첨단이 필요한가. 나는 기가 차서 벌레 씹은 얼굴로 묵묵부답 하였더니 그 여자, 서랍장 속에서 매미 모양을 한 플라스틱 핀 한 쌍을 내놓으며 너스레를 떨었다.

"이 핀을 어떤 손님에게 선사할까 했더니 마침 잘 됐네." 하며 라면발 같이 붕 뜬 옆머리에 살짝 꽂아 주었다. 거울 속에 간신히 붙어있는 큐빅 박힌 매미 눈이 어지럽다. 갑자기 머릿속이 스믈거리며 맴, 맴, 맴, 매미가 슬픈 목소리로 내 대신 우는 것만 같았다.

나는 순간 머리를 굴렸다. 본 상태로 돌려 놔라, 핏대를 올리며 맞설 것인가. 수도자 같은 얼굴로 점잖게 한마디 하고 상담은 고마웠으나 처방약은 유보하겠다며 고개를 한 번 숙여주고 꼿꼿한 자세로 문을 박차고 나올 것인가. 그것이 문제였다. 나는 후자를 택하기로 했다. 생각 같아서는 성질풀이를 한바탕하고 뛰쳐나오고 싶었지만 그것은 오직 마음뿐. 그 달변가를 말로도 이길 재간이 없을뿐더러 어찌 한 타래로 추태를 부릴 수가 있겠는가.

자고로 '말이 앞선 자를 경계하라.' 하였던 바 이 낭패스러움이라니. 보면 볼수록 머리 모양새가 가관이다. 구불거리는 머리카락 한 올 한 올이 제대로 춤을 추고 있어 오늘 밤 밤무대라도 올라가야 할 것만 같다. 속된 말로 폼생폼사라더니 예술을 사랑한다는 이 원장님 끝까지 폼을 재며 감언이설로 손님을 우롱하고 있질 않는가. 지금 당장 자기 처방대로 손을 쓰지 않으면 머리카락이 한 올도 안 남을 것처럼 말이다.

머리숱만 생각하면 속이 상한다. 마포바지에 방귀 빠져 나가듯 언제인지도 모르게 시나브로 머리칼이 없어지기 시작하더니 어느 날부터인가는 머릿속이 훤히 드러나 보일 정도로 대책 없이 빠져 버렸다. 아까 그 원장 말대로 기본적인 두피 관리가 허술했고 독한 염색약과 샴푸를 잘못 선택한 탓도 있었겠지만, 날이 갈수록 창백한 언저리에 뿌리 없는 풀 마냥 가늘디가는 머리칼이 힘없이 나풀거리려 이리도 나를 아프게 하는가. 요 몇 년 전까지만 해도 가을 숲처럼 해실하면서 삭막은 했어도 그런대로 봐 줄만 했다. 해가 거듭하면 할수록 꽁지 빠진 씨암탉 꼴이니 볼썽사나워 이 일을 어쩌랴. 여태 안 써본 모자를 쓰자니 그도 썩 안 내키고 부분 가발로 땜질을 하자니 생각만 해도 머리가 무겁고, '에라 모르겠다. 생긴 대로 살자. 백발이면 어떻고 민둥산이면 이 나이에 어쩌랴. 섭리대로 자연의 이치대로 그냥 사는 것이다'. 이렇게 마음을 다스리면 별 탈이 없다가도 입 달린 지인마다 지나가는 말로 한 마디씩 거들면 생판으로 속이 뒤틀린다. 아무튼 요즈음 외출할 때마다 머리 때문에 신경이 쓰인다. 한 가닥을 잡아서 오른쪽으로 부치면 왼쪽이 휑하고 도무지 감이 안 잡혀 고심 중에 이 같은 일이 벌어진 것이다. 오늘 같은 기분에는 젊은 날이 그리워진다. 두껍고 굵은 말총머리에 반짝반짝 윤이 나던 머릿결, 숱이 많아 칙칙하면 티미하게 보인다며 물을 발라 머리칼이 달싹 붙도록 손질했던 시절도 있었다. 아무 비누라도 손에 잡히면 쓱쓱 문질러 비눗기를 빼고 나면 금방 햇살에 찰랑거리던 그 머리칼들은 다 어디로 가버렸는가. 붙어 있어야 할 것들이 다 빠져 나가고 피둥피둥 윤기 흐르던 살빛심마저 질긴 폐계 살처럼 푸석거리는 것이 어찌 머리칼 뿐이며 피부 뿐이랴. 노화의 자연스런 현상이려니 그냥 그대로 받아들일 수 밖에. 그러나 오늘의 이 첨단 머리는 스스로 용납할 수가 없음이니 참으로 난감하기 짝이 없다.

저녁 늦게 들어온 딸아이가 나를 보더니 질겁하는 표정이다. 그러더니 "당신 뉘시오?"하면서 갑자기 배를 쥐어 잡고 웃었다. 그리고 적절한 비교를 해 준다.

"엄마, 지금 모습이 무엇과 닮았나하면 요즘 TV광고에 나오는 길쭉한 무가 몇 가닥의 이파리를 흔들며 살래살래 걸어나와 화성인의 목소리로 중얼거리는 그 캐릭터와 꼭 닮았어.이 일을 어째?"

2부 9월이 오면

마지막 기차

덜커덕 덜커덕 녹슨 기차 한 대가 힘겹게 레일 위를 달립니다. 검은 연기를 뿜어내며 '뚜우!!' 긴 기적소리와 함께 종착역을 향해 열심히 달려갑니다.

생각해보니 이 고래등 같은 검은 물체는 참으로 충직한 누군가의 종이었습니다. 긴 세월 눈이 오나 비가 오나 바람이 부나 당연히 헤쳐가야 할 길인 줄 알고 해찰 한번 부릴 여유도 없이 그저 묵묵히 앞만 보고 달렸으니 말입니다. 그러나 천하장사도 세월 앞에서는 속수무책이라더니 화통은 그을음에 시름시름 생기를 잃고 그 튼실했던 몸체는 이제 군데군데 균열이 생기기 시작합니다. 제아무리 땜질을 하고 에프터 서비스를 받아 봐도 도무지 신통치가 않습니다.

어제 오후 산책길에서 생긴 일입니다.

바스락거리는 낙엽을 밟으며 야트막한 구릉지를 걷다가 보니 다소 왜소해 보이는 오척 단구의 할머니가 양팔을 보조 목발에 의지한 채 정물처럼 서 있었습니다.

'저런, 발을 헛딛었다가는 여지없이 나동그라질 텐데….' 조바심이 나서 그쪽으로 무작정 발길을 돌렸습니다. 어디선가 가느다란 선율이 귓가를 적셨습니다. 사방을 둘러 봐도 할머니뿐인데 고개를 갸웃거리며 가까이 가 보았더니 그분의 목소리였습니다. 나는 주춤거리며 그대로 서 버렸습니다. 훼방꾼이 되기 싫어 한숨을 돌리실 때를 기다리고 있다가 박수를 치며 다가갔습니다.

"할머니, 목소리가 고우십니다."

"그래?"

"아니야, 발성연습을 하고 있어."

"우와. 우리 할머니 멋쟁이, 연습하시러 불편한 몸으로 예까지 올라 오셨구나."

"너무 누워만 있으니 지루하기도 하고 그나마 목소리마저 잃을까봐 사력을 다해 이곳에 와 한번 움직여 보는 거야."

그는 겸연쩍은 듯 수줍게 웃었습니다.

"할머니는 젊은 날 노래 부르기를 참 좋아하셨나 봐요."

"무슨 소리여, 재재작년까지만 해도 고운소리 합창단 리더였어, 기타로 반주를 맞춰가며 노래를 하면 박수가 장내를 떠나갈 듯 대단했다우."

먼 하늘을 바라보며 우수에 젖어있는 그분을 놔두고 차마 그냥 돌아설 수가 없어 또다시 말을 건넸습니다.

"할머니, 지금 서 계신 곳이 무대입니다. 그리고 저는 관객이고요. 조명은 없어도 파란 하늘과 낙엽 뒹구는 이 넓은 대지를 무대로 삼아 옛날처럼 한번 멋들어지게 불러 보는 거예요."

할머니의 얼굴이 순간 화색이 돌며 눈빛이 예사롭지 않게 빛났습니다.

"그려, 박찬석 곡 '낙엽'을 한번 불러 볼까."

할머니는 목청을 가다듬더니 노래를 부르기 시작했습니다.

이슬 내린 언덕길에 너와 마주 서
설운 이별 서로 나눌 때
은행잎은 하나 둘씩 꽃처럼 지고
노랑 잎이 또 하나 지고
꿈결에나 꽃길에나 그리우는 작은 새
아, 너 가면 가을도 간다.
아, 가을도 간다.

그분은 참으로 대단한 프로였습니다. 노랫말은 흐렸지만 음정에 따라 몸짓과 표정이 사뭇 달라지면서 가랑잎 구르는 소리로 가랑잎이 되어 마지막 힘까지 다 소진시키고 있었습니다. 그 때마다 주글거리는 목덜미는 애처롭게도 가느다란 파장을 일으키며 실루엣처럼 흔들거렸습니다. 나는 입술을 지그시 깨물었습니다. 알 수 없는 설움에 목이 메었습니다. 나는 다가가 그분을 안으며 속삭였습니다.

"지금도 역시 프로시네요. 세상에서 가장 아름다운 소리로 들립니다."

"그러면 이번에는 조두남 곡 '그리움'을 한 번 더 불러 볼까."

"……."

할머니는 신바람이 났습니다. 모처럼 물 만난 물고기처럼 파들거렸습니다. 나는 다시 앙콜 박수를 쳤고 당신은 아예 한쪽 목발을 내려놓은 채 한 손으로 제스처를 써가며 그야말로 고운 소리 합창단 리더가 되어. 무대 위의 히로인이 되어 발그레 홍조까지 띄우며 최선을 다해 노래를 불렀습니다. 그 누구도 범접 못할 처연하고도 거룩한 순간이었습니다.

노래를 끝낸 할머니는 지난 세월을 누에고치에서 실 뽑아내듯 끊임없이 풀어냈습니다. 당신으로 말하자면 광주사범 4회 출신이며 초등학교 선생님으로 은퇴를 했고 몇 달 후면 팔순에 접어든다고 하셨습니다.

"아, 글쎄 몸이 늙으면 맘도 함께 후딱 늙어 버려야할 것 아녀, 나도 큰일이여."

야윈 손으로 입술을 훔치며 힘없이 흘리던 그 넋두리가 오래오래 시린 가슴에 긴 여운으로 남았습니다. 할머니는 아쉬운 듯 한숨을 쉬며 내 손을 잡더니 손등에 대고 몇 번이나 입맞춤을 하셨습니다.

"오늘 나는 운 좋게도 귀인을 만났어, 오늘 밤은 통증없이 꿀잠을 잘 것 같아. 여보시게 젊은이 잘 가우, 고마워." '내게 젊은이 이라니….' 순간 가슴이 멍멍해졌습니다.

할머니라고 불렀던 호칭이 바로 선생님으로 바뀌지면서 우리는 손을 맞잡고 몇 번이고 허리를 조아렸습니다. 부축해 드릴 테니 이제 그만 내려가자고 하였으나 어렵게 올라 왔는데 더 있다 가겠노라 사양을 했습니다.

할머니의 모습 속에는 내가 있었습니다. 지금도 맘 같아서는 별일도 다 해내겠는데 몸이 말을 듣지 않는다는 그 말씀이 절대 남의 말이 아니었습니다.

지난 여름 그토록 푸르렀던 나뭇잎새가 때가 되니 저렇듯 영롱한 빛깔로 옷을 갈아입고 아름다운 퇴장을 위해 서두르고 있습니다.

긴 여정, 나름대로의 삶을 이끌고 숨 가쁘게 달려왔던 내 인생 열차도 어느덧 황혼 역에 다다른 것 같습니다. 이제 남은 한

구간. 결코 미적거릴 수 없는 귀중한 시간입니다.

부지하세월不知何歲月. 황혼역에서 종착역 사이가 얼마나 남았는지 나는 알 수가 없습니다. 그것은 다만 생명을 주관하신 그분의 몫입니다. 그러나 언제가 될 줄은 모르지만 마지막 기차로 갈아타고 종착역을 향해 달려갈 것입니다. 이제 모든 것을 서서히 내려놓는 연습을 해야 하겠습니다. 아름다운 마무리를 위해서….

S 부인 수난기

아무리 생각해도 무렴하고 당혹스런 일이었다.

하루 일진이 제아무리 사나웠기로 백주에 그런 일이 일어나리라고는 짐작도 못했다.

친구 M이 일주일 전 목욕탕 욕조에서 미끄러져 갈비뼈가 세대나 부러졌다는 전갈을 받았다. 평소 부부끼리 오며가며 사이좋게 사는 처지라 S 부부는 소식을 듣고 부랴부랴 그 집을 방문했다.

유달리 길이가 길고 뼈대가 가는 패션모델 같은 몸매가 심한 수난을 당하고 있었다. 상체를 압박 붕대로 칭칭 감아 마치 갑옷을 입은 듯 부자유스럽고 깡마른 얼굴은 더욱 말라 조막만한

데다 지친 눈빛으로 눈인사를 하며 멀대같이 서있는 폼이 가관이다.

"운동 신경이 좋은 자네가 어쩌다가…."

"말도 마시게, 발바닥에 비눗물이 묻어 그만…."

여기까지는 참 좋았다. 그런데 그 다음 말,

"만약 비곗살이 많은 자네가 넘어졌다면 이렇게 갈빗대까지 나가진 않았을 거야, 흐흐…."

지금 누구 약 올리느냐고 삐죽했지만 그리 틀린 말은 아니었다. 폭삭하게 깔려 있는 투실투실한 살이 뼈 주위를 감싸고 있기 때문에 충격이 덜 했을 것이다. 아마 그 뜻이렷다.

S 부인은 요즘 자고 나면 이유 없이 얼굴이 퉁퉁 부어오르고 부기가 그냥 살이 되고 만다. 뾰족한 답이 없어 이곳저곳을 들쑤시고 다니다가 대체의학을 하신 분을 만나기도 했다. 그는 단박에 신장을 의심하며 혈액순환이 잘 안 돼 몸 안에 요산이 가득 찬 상태라고 겁을 줬다. S 부인의 전언을 가만히 듣고 있던 M의 남편 최 교수 왈, "뜸을 한번 떠 보시지요, 뜸은 불을 쬐면 통증이 경감되는 원리로 주로 쑥을 이용한 열 치료 방법 중의 하나인데 전혀 부작용이 없지요."라고 했다.

그 말이 끝나자마자 S부인의 남편 왈, "쇠뿔은 단숨에 빼는 법이여, 이왕 온 김에 지금 당장 팔 다리 걷어 올리고 누워 봐, 최 교수가 우선 혈 자리를 잡아 줘야 내가 집에 가서 그 자국에

다 뜸을 계속 뜰 것 아녀?"

갑자기 앞이 캄캄했다. 어렵기만 한 친구 남편에게 나무기둥 같은 다리통과 M의 다리보다 훨씬 굵은 팔을 걷어 올리라니, 저 양반이 뭘 잘못 먹었나. S 부인은 펄쩍 뛰며 고개를 흔들고 손사래를 치며 단호하게 앵돌아섰으나 소용이 없었다. 제발 살려 달라는 듯 눈을 찡긋거리며 제 아무리 신호를 줘도 남편은 본 척 만 척 막무가내로 닦달이다. 난처한 듯 가만히 지켜보던 M까지 합세하여 "얼른 눈 딱 감고 들어 누워버려 그냥, 환자가 의사 앞에서 무슨 내외는 내외여." 얄밉게도 배실배실 웃으며 한 술 더 뜬다.

마지막 보루였던 M마저 돌아섰으니 이제는 더 이상 물러설 수도 다가설 수도 없는 그야말로 진퇴양난이다.

'에라 모르겠다, 체면이 별 것이냐, 새색시도 아닌 바에야 뭐.'

S 부인은 풀이 팍 꺾인 채 결국 그 육중한 팔 다리를 내놓았고 남편은 부인의 옷을 잽싸게 걷어올리며 조수 역할을 야무지게 해냈다.

최 교수는 혈 자리를 찾느라 여러 곳을 꾹꾹 누르며 S 부인에게 반응을 물어왔다. 그때마다 '예', '아니오'를 정확하게 해야 한다. 그러나 긴장을 하다 보니 짜르르 반응이 온 것도 같고 아무런 느낌이 없는 것도 같고, '아니오'를 몇 번 하고 나면 자신의 실수로 무슨 N.G라도 낸 것 같아 겸연쩍고 쑥스러워 진땀이 절로 났다.

최 교수는 퇴직 이후 여가 선용을 위해 자기 전공과는 전혀 다른 침과 뜸 공부를 열심히 했다. 때로는 봉사 활동으로 현장을 뛰면서 이론과 실무를 충실히 익혀 어느 경지에 이른 것으로 알려졌다. 그러나 S 부인 자신이 환자가 되어 멀쩡한 정신으로 그에게 침을 맞고 뜸을 뜨리라는 걸 꿈에도 생각조차 못했다. 그는 말없이 쑥을 말아 올려 혈 자리에 꽂고 타버린 재를 옮기면서 민첩하게 손을 놀렸다. 그리고 뒷다리 오금쟁이와 무릎에서 사혈死血 침으로 검붉은 피를 뽑아냈다.

몇십 분 후 다리와 팔의 뜸은 일단 끝났다고 했다. 그러나 자꾸 무슨 말을 할듯 말듯 머뭇거리는 분위기가 수상쩍었다. 그는 어렵사리 말을 꺼냈다. 이왕 시작한 김에 등짝에 흐르는 혈과 가슴과 배꼽 사이, 그리고…, 아무튼 이제부터 S 부인의 남편 분은 지금 하는 말을 귀담아 듣고 시키는 대로 대행을 잘해야 한다고 했다. 이럴 수가. 이제는 앞가슴을 풀어헤쳐야 할 형편이었다. 그 부분까지 당신으로서는 차마 어쩔 수가 없는 모양이었다. 그는 마치 조선조 의원처럼 창호 문을 사이에 두고 환자의 맥을 짚기 위해 실끈을 청진기 대신 길게 늘어뜨리고 밖에서 입으로 구술하고 안에서는 의원이 시키는 대로 행하는 식으로 마지막 코스까지 마무리 할 모양이었다. S 부인은 남편을 째려 봤다. 그리고 나중에 보자는 듯 입을 앙당 물었다. 그는 아이를 어르듯 조금만 참으라는 신호를 보내며 비굴한 미소를 흘렸다. 그녀는 어차피 자기 신체의 부분을 내 맘대로 할 수 없다는 것을 알았다. 이미 사지는 널려 있었고 앞부분마저 훤히 드러낼 위기에 처해 있었다. '그저 알아서들 하시오.' 자포자기 심정으로 손으로 눈을 가리고 처분만을 기다렸다. 곧이어 대행 혈 찾기가 시작되었나 보다.

"오목 가슴에서 손가락 마디만큼 내려가 혈을 잡고 그 위에 일단 뜸을 떠 보시오. 다음으로 뜸자리에서 좌, 우로 두 마디 만큼 떨어져 각각 한 개씩을 심고, 또…."

S 부인의 남편은 한참을 더듬거리는 느낌이었다. 그녀는 순간 이 상황이 궁금했다. 게슴츠레 눈을 떠 M의 남편을 살짝 훔쳐봤다.

그는 S 부인과 반대 방향으로 돌아앉아 벽면을 보고 점잖게 가부좌를 틀고 앉아 있었다. 영락없이 말하는 부처다. 소통이 원활하지 않는지 고개를 옆면으로 살짝 틀고 말은 계속 이어졌고 손짓을 부지런히 하고 있었다. 포복절도 할 광경이다. '쿡-' 하고 터져 나오려는 웃음보를 참느라 입술을 잘근잘근 씹었다. 시방 이 방 풍경은 영락없는 조선시대 구중궁궐이다. 남녀가 유별한데 단 한 사람만 지아비라는 특권으로 환자의 삭신을 마음 놓고 다루고 있을 뿐이다.

M의 남편 최 교수는 마지막 단계를 어렵사리 설파한다. "자, 배꼽에서 한 뼘 내려가면 치골이라고 해요. 짚어 봐서 단단한 곳에서 혈 자리를 찾아 보셔요. 서두르지 마시고 천천히…." S 부인의 남편은 졸지에 대행 의원이 되어 쩔쩔매며 더듬거리고, M의 남편은 다루기 난처한 환자를 만나 혼쭐이 나고 있는 것이다. 그러면 오늘의 주인공 S 부인의 심정은 과연 어떠했을까.

바람, 바람

바람이 분다.

방울만한 손자 녀석이 간질간질, 시울새울, 할미의 귓가에서 사분대듯이 바람은 꽃향기를 날리며 가슴속을 파고든다. 여인은 순간 취한 듯 혼곤해진다.

매번 이맘때면 그랬다. 횟배를 앓은 듯 괜히 싸르르 그랬다. 이는 분명 바람이 들썩인다는 신호렷다. 아직은 두꺼운 외투자락이 적격인 정이월쯤이면 주책없는 바람기는 서서히 발동을 건다. 하여, 섬진강물이 얼마나 풀렸는지 가봐야 알 것 아니냐며 지인들을 쏘삭거린다. 지금쯤은 삭풍에 시달려 거무튀튀한 몰골로 죽은 듯이 서있는 나목들이 회색빛에서 점점 보랏빛 기운이 감돌 것이다. 그들의 기사회생을 축원하는 의미로 장성 편

백나무 숲길을 한번쯤 걸어보는 것도 좋지 않겠냐며 조근거리면 시들한 눈빛들이 일제히 살아나면서 한마디씩 던진다.

"가자, 까짓 것, 저리 미쳐 날뛰는데 함께 미치지 뭐."

"푸하하!"

멋쩍은 듯 터지는 헛웃음은 이미 바람을 타고 산자락을 휘돌아 강가에 머무른다.

바람을 마시며 바람으로 떠도는 영혼이기에 이렇듯 바람 따라 서성이는가. 시도 때도 없이 밀려오는 이 달콤하고 아릿하며 울렁거리는 바람의 정체는 대저 무엇인가. 바람 난 여자. 허파에 바람기가 가득 든 여자……. 아무래도 좋다. 누구에겐들 이 한들거리는 바람기가 없을쏘냐. 이 풍진 세상 살아가면서 촉촉하게 번지는 이 기운조차 없으면 무슨 낙으로 산단 말까. 그래서 정처없이 흘러가고 떠도는 바람을 미친 듯 사랑하고 예찬하는지 모르겠다.

가만히 지난날들을 더듬는다. 어느 시인의 말대로 지금까지 나를 지탱해 준 것은 순전히 바람 탓이 아니었나 싶다. 틀린 말이 아니다. 정녕 바람으로 하여 인생이 은밀했고 넉넉했다. 그리고 따뜻했다.

그 옛날 시골학교 운동회 날은 온 가족이 함께하는 행사였다. 부엌에서 어머니는 도시락을 준비하느라 부산하고, 나는 꼭두새벽부터 일어나 머리에 청 띠를 두르고 손목에는 빨간 풍선을 매달고 가슴 밑까지 바싹 추켜올린 '부르마'를 입고서 마당에서 시작하여 뒤란 쪽을 쏜살같이 몇 번이고 달리곤 했다. 이때부터 바람의 조짐은 수상쩍었다. 상급 학교를 진학할 무렵 시골 촌뜨기가 도회의 신데렐라를 꿈꾸며 꽃바람을 일으켰고, 그 지독한 사춘기를 넘기면서는 무수한 돌개바람에 휩쓸려 길을 잃고 헤매기도 했다. 그 무렵 읍내 장터에는 가끔씩 곡마단이 들어왔었다. 구슬픈 트럼펫이 울려 퍼지고 변사들이 알록달록한 옷으로 분장하고 동네를 한 바퀴 휘돌면 '우우우!' 어디서 불어오는 바람인지 분간 못할 바람기가 나를 들뜨게 했다. 그뿐이랴. 불혹의 나이에 접어들면서 느닷없는 문학 밭에 몸을 부려 마파람에 실려 둥둥 떠다녔고, 어느 날은 백 개의 산을 정복하겠다며 국내외 명산을 쉼 없이 오르내리기도 했다. 제 체중을 감당 못해 엄지발가락 뼈가 휙 돌아져 무지외반증에 걸릴 정도로 곡풍을 맞으며 산행을 강행할 때도 있었으니 이것이 천상 바람의 유혹이 아니고 그 무엇이랴.

바람은 떠남이다. 바람은 끼다. 아니 바람은 풍류다. 무량겁을 두고 어디론가 마냥 흘러다니는 바람. 바람. 멈춰서는 순간 죽고 마는 슬픈 운명이기에 저리도 쉬임없이 움직이는가.

생전의 시아버님 월초 장께서는 우선 모습에서부터 멋이 잘잘 흘러 넘쳤다. 시가詩歌에 능하셨고 서체가 출중했으며 손재주가 비상하여 북, 장구, 피리 등을 손수 만들어 쓰셨다. 결 고운 모시옷에 중절모와 백구두, 그리고 한 손에는 쥘부채 또 한 손에는 까만 우산이 그분의 트레이드 마크였다. 두 번의 상처喪妻와 생이별은 사람으로서는 감당 못할 형벌이요 허무 그 자체였으리라. 그저 삼수갑산을 유랑하며 떠도시다가 노자路資가 떨어지면 또 바람처럼 돌아오시던 당신. 집안에 칩거하고 계신다는 소문이 돌면 그 고장 유림들의 출입이 잦아지고 현판이나 비석 글을 받으러 오시는 분. 사주단자四柱單子. 심지어 갓난아이 이름을 지어 달라 오신 분들로 하여 홀시아버지 모시는 큰 며느님 종종걸음은 해 지는 줄 몰랐다. 그렇게 한동안 잠잠하다가 얼마간의 노자가 마련되면 또다시 행장을 갖추시고 슬그머니 어디론가 떠날 채비를 하셨다. 당신은 바람이었다. 정한情恨으로 얼룩진 생을 방랑하는 나그네로 훠이훠이. 모든 짐 다 내려놓고 부초처럼 떠돌며 바람 따라 세월을 다스렸으니 비록 그분의 가대와 일상은 남루했으나 기실은 여한이 없었으리라.

나이 탓인가. 그토록 사시사철 불어오던 바람이 이제 조금씩 잦아지는 것이. 이제 서서히 가쁘지 않는 호흡으로 숨결부터 다스리는 법을 배워야겠다. 그러함에도 가슴 안에 작은 파장을 일으키는 이 주체 못할 바람, 바람…….

바람은 불고 싶은 대로 분다. 그 소리를 들어도 어디서 와서 어디로 가는지는 나도 모른다. 다만 그 바람으로 하여 나의 조촐한 삶이 아직은 생기를 잃지 않고 탱글탱글 여문 듯 쫄깃하다.

관악의 어머니

한때 나는 '관악의 어머니'라는 이름을 달았다.

이 과분한 별칭이 누구의 입에서 나왔는지 모르지만 그때처럼 내 삶이 풍요롭고 생의 보람을 느꼈을 때가 없는 것 같다.

둘째가 결혼을 하고도 공부를 계속 했다. 한 아이의 엄마로, 지어미로, 며느리로, 그리고 학생 신분으로 동분서주하는 모습이란 차마 안타까워 그냥 볼 수 없었다. 심상치 않던 병으로 힘들어 하시던 지도교수는 자꾸 친정집에라도 가서 올해 안에 논문을 마무리하라 독려했고 딸은 쫓기듯 내려와 밤잠을 설쳐가며 일에 매진했다.

일 년 만에 논문은 완성되었고 발표 날짜까지 잡혔다. 이제 서울로 올라갈 일만 남았다. 그런데 한밤중에 전화가 걸려왔다. 지도 교수가 운명을 달리했다는 기막힌 비보였다. 마치 천애고아가 되어 버린 듯, 충격을 받은 딸은 서둘러 심야 버스에 몸을 실었다,

의지하고 존경했던 은사의 장례를 치루고 온 딸은 새로운 지도교수 아래 논문을 다시 쓰기로 결정이 났다며 어렵게 말을 했다. 불효인 줄 알지만 최선을 다해 시간을 아낄 테니 엄마가 6개월만 서울에서 함께 살면서 도와달라고 했다.

“그래, 6개월이 아니라 6년이 걸리더라도 좋다. 마음 다져 잡고 다시 시작하여라. 엄마가 도와주마.” 즉석에서 답하고 미련 없이 짐을 쌌다. 이런 일이 어디 나뿐이겠는가. 세상의 어미들은 내 자식들 가는 길에 행여 돌부리에 채일까, 헛발 디뎌 넘어질까 노심초사 앞서가며 뒷서가며 길 닦음 하니 천륜의 깊은 속은 어디가 끝일는지 알 수 없는 일이다.

다섯 살 박이 손녀와 딸을 앞세우고 집을 떠나왔다. 마치 ‘나를 따라 오너라’ 하신 그 한 말씀에 그물을 버리고 따라나선 어부 베드로처럼 하던 살림 그대로 팽개치고 서울이라는 낯선 도시에 둥지를 틀었다. 학교에서 제공된 열두 평짜리 가족생활 동이었다. 지하 단칸 셋방이면 어떠랴. 우선 학교가 가까워 한밤중에도 들락거리기 편리하면 될 것이었다. 나는 고 3 엄마가 다시 되었다. 함께 자고 먼저 일어나 도시락을 챙기고 간식을 챙

겼다. 점심시간에 도시락을 펴 놓으면 젓가락이 두서너 번 가면 반찬이 동이 난다고 했다. 그때서야 그 연구실에서 함께 공부하는 과 학생이 몇 명 더 있다는 것을 알았다. 아차 싶었다. '그 힘든 머리싸움 하면서 허구한 날 구내식당, 중국집을 전전하며 기천 원짜리 식사에 얼마나 질리고 허기질까? 한 끼라도 집밥을 먹이자. 어차피 내 아이 뒷바라지하러 왔으니 더불어 그들과 함께하자. 나눔으로 해서 서로서로 훈훈해지고 세상이 아름다워질 수 있다면 이 얼마나 보람지고 축복 받을 일인가!'

나는 그때부터 반찬을 넉넉히 만들고 밥은 아예 밥통째 실어 보냈다. 너무나 달게 잘 먹었다는 말을 들으면 내 배가 불렀다. 날마다 신바람이 났다. 토닥토닥 도마 울리는 소리도 정겨웠다. '부디 이 밥 먹고 기운 내 모두들 소원성취하시라!' 소원하며 정성을 다한 날들이었다. 밥 챙겨 보내고 손녀 딸 어린이집에 데려다주고 나면 바쁜 일은 대충 끝난다. 들어와 시계를 보면 매일 미사 시간이 빠듯하다. 시장 가방까지 챙겨 넣고 달려가 그분 앞에 서면 마음이 한결 여유로워진다. 한참을 그 곳에 머물다 발길은 또 시장으로 향한다. 찬거리를 양손에 들고 오면서 '어떻게 하면 빛깔 좋고 쌈박하고 영양 듬뿍한 반찬으로 그들의 입맛을 돋울까?' 그 궁리뿐이었다. 그리고 오후 다섯 시경 어린이 집에서 손녀를 데리고 오면 곧장 놀이터로 직행한다. 그곳에도 나를 은근히 기다리는 눈빛들이 있다. 아이들의 이끌림에 어쩔 수 없이 나와서 서 있기는 하지만 다 마음이 바쁜 공부하는 엄마들이다. 몇 동 몇 호에 사는 '윤빈이 할머니'라 신원이 확실하고 날마다 마주치는 얼굴이니 불안할 것이 없다. 내가 지키고 있을 테니 어서 들어가 하던 일 계속하라 손사래를 치면 꾸벅꾸벅 절을 하며 모두들 종종걸음을 친다.

남달리 평수 넓은 할미는 이제는 원감이 되어 그네를 밀어주고 미끄럼을 함께 타기도 하며 사방에서 부르는 소리에 정신없이 뒤뚱거린다. 겨우 이곳 생활이 안정이 돼 눈을 크게 떠 주위를 살피니 일이 널려 있었다. 위층에 사는 손녀 친구 나윤이네, 앞 동에 사는 딸 친구 현주네, 이들 또한 돌봐야 할 관리 대상이다. 국 한 냄비, 반찬 두어 가지에 온 가족의 하루가 든든하다니 이 작은 희생에 그들이 마냥 행복하다면 더 이상 바랄 것이 있으랴. 살아생전 내 어머니의 가르침대로 배고픈 길손 불러 따뜻한 밥 한 그릇 대접하는 그 마음이면 족하다. 그러다 보니 언젠가부터 나를 '관악의 어머니'라 부르는 게 아닌가. 무슨 과분한 소리, 고개를 흔들며 쑥스러워 어쩔 줄을 몰랐다.

딸아이는 거의 일 년 만에 논문이 마무리 되었고 심사 과정도 무사히 통과했다.

어느 날 무거운 짐 몇 상자가 배달됐다. 펴보니 발간된 논문집이었다. 책 한 권을 빼들어 가만히 쓸어봤다. 딸아이의 체온이 가슴을 파고들었다. 순간 시야가 흐려졌다. 이제는 어미가 운다. 이 정체 모른 눈물의 시원은 어디인가. 안도의 눈물인가, 감사의 눈물인가. 은총의 눈물인가….

딸아이를 어루만지듯 한참을 금박 물린 논문집을 가슴에 안고 어미와 딸은 무언의 대화를 나눴다.

"딸아, 수고했다. 바닥을 치고 나면 모든 것이 끝장일 것 같지만 반드시 올라오게 돼있어, 그게 인생이야."

"엄마, 고마워."

"고마워해야 할 사람들이 따로 있다. 빈집 홀로 지키며 묵묵히 기다려 준 아빠가 있고, 공부한 며느리 성원해 준 시부모님, 옆에서 격려해 준 네 남편, 엄마에 기근이 든 윤빈이, 네 아빠를 위해 음식 쟁반 받쳐 들고 우리 집 들락거린 광주의 벨따 아줌마. 이 차고 넘치는 사랑으로 오늘이 있는 것 아니겠니."

사람들은 지나간 날들을 반추하며 그리워한다. 나 역시 지금도 관악구 봉천1동에 자리잡은 기숙사 생활을 못내 그리워하며 살아간다. 그곳에는 활활 타오르는 열정이 있었고 서로서로 나누는 위로와 희생과 봉사의 삶이 있었다. 그리고 질기고 질긴 고슴도치의 사랑이 있었다. 생각하면 내 생의 가장 보람차고 아름다운 순간이었다. 그리고 '관악의 어머니'라는 분에 넘친 별칭을 가슴에 간직하며 오래오래 기억할 것이다.

어르신 유감

오늘도 둘째의 문안 인사로 아침을 연다.

“어머니, 저 출근했습니다. 기온이 갑자기 뚝 떨어질 때는 아침 일찍 산책하는 게 좋지 않다고 합니다. 건강 조심하세요.”

고맙고 기특하다는 흐뭇함과 함께 이제는 별 수 없이 보호자에서 피보호자 입장으로 바뀌었구나 싶어, ‘그래, 그래!’ 고개를 주억거리면서도 왠지 모를 쓸쓸함이 배인 미소를 텅 빈 하늘가로 날린다. 둘째 말대로 바람 끝이 매섭긴 매섭나 보다. 떨어져 나뒹굴던 낙엽들이 회오리바람을 만난 듯 동시에 하늘로 치솟는가 싶더니 또다시 공중분해를 일으키며 빠른 속도로 낙하하기를 반복한다. ‘가는구나. 모두들 가는구나!’ 하늘로 올라가든

땅으로 회귀하든 가는 곳은 한 곳일 터. 창밖을 응시하며 혼자서 망상에 빠져 있다가 생각은 또 엉뚱한 곳으로 흘렀다.

얼마 전의 일이다.

오랜만에 친구들과 증도라는 섬에서 휴식을 취하고 돌아오는 길이었다. 어느 지점에서 차를 갈아타야 했고, 짐이 많아 아무래도 택시를 타야 해서 일단 내렸다. 한참을 기다려도 택시는 오지 않는데, 마침 우리 집 앞으로 가는 시내버스가 왔다. 나는 순간적으로 옆 학생에게 도움을 요청하여 가까스로 버스에 올랐다. 짐이 있으니 집 근처 승강장으로 나오라고 남편에게 전화를 했다. 그 후 스르르 눈이 절로 감겼다.

한참을 꾸벅거리다 눈을 떠보니 집 근처였다. 후다닥 일어나 승강장 쪽을 두리번거렸더니, 마침 창 너머로 낯익은 얼굴이 언뜻 보였다. 주섬주섬 섬에서 사 온 각종 젓갈통과 미역 다시마 등을 입구 앞으로 내다 놓고 내릴 준비를 하고 있었다. 그때 갑자기 차체가 요동을 쳤다. 그와 동시에 육중한 몸이 앞으로 확 쏠리더니 반사적으로 뒤로 젖혀지면서 그만 손잡이를 놓쳐 버렸다. '우당탕!' 벼락 치는 소리와 함께 여지없이 뒤로 나자빠졌다. 마치 거목의 밑둥이 뿌리째 뽑히듯 큰 대(大)자로 뻗어 버렸다. 눈에서 불이 번쩍 일며 정신이 몽롱한 체 도무지 움직일 수가 없었다. 그때 반 울음 섞인 절박한 목소리가 가물거렸다.

"어르신, 어르신 정신 차리셔요. 제 소리 들립니까, 어르신,"

'어르신? 야, 이거 큰일났다. 어르신이라니. 흔히 칠팔십 연세 지극한 분들에게 높여 부르는 호칭이 아니던가.' 정신이 번쩍 들었다. 승객들은 놀라서 에워싸고 기사는 저렇듯 울부짖는데 이 어르신 민망하고 낯뜨거워 어찌할꼬. 고개를 가만히 좌우로 움직여 본다. 잘 돌아갔다. 머리가 다소 멍멍하고 띵하나 이런저런 생각도 할 수 있으니 정상 아닌가. 이제는 일어나야 한다. 어떻게든 벌떡 일어나야 한다. 눈 질끈 감고 일어나지 뭐. 한참을 뒤척거리다 가까스로 일어났다. 대단찮다는 듯 옷을 툴툴 털며 어색한 미소까지 흘렸다. 가엾은 기사양반은 입술을 실룩거리며 "갑자기 튀어나온 장애물을 피하려고 급브레이크를 잡는 바람에 이리 됐다."며 머리를 조아리고 또 조아리며 병원 가기를 재촉했다. 얼마나 당황하고 놀랐으면 하얗게 질린 채 저리도 애면글면 애원을 할까. 순간 기사님의 양쪽 어깨에 매달린 가족들의 얼굴이 실루엣처럼 어른거린다. '아서라. 어차피 이리 된 것. 깔끔하게 우아한 어르신으로 끝내자.' 나는 기사님과 손을 맞잡으며 아주 넉넉하고 여유로운 얼굴로, "정차하지도 않았는데 미리 서서 서성거린 내 잘못도 크다며 이제 그만하면 됐다." 하였다. 허나 기사님은 연신 허리를 숙여 죄송함을 표하더니 끝내 명함 한 장을 찔러 주었다. 그제야 문이 열렸다. 모두들 웅성웅성 내리는데, 한참을 기다렸을 남편은 무슨 영문인지 몰라 앞서 나오는 사람에게 곡절을 물었나 보다. "어떤 할머니가 넘어져 죽다 살아났

어요." 하는 소리와 함께 나를 가리킨 것을 보았는지. 그는 나를 빤히 쳐다봤다. 거기다가 내가 가지고 내릴 물건들에 눈짓을 하였더니 또 한 번 질린 표정이다. 그리고 위아래를 잠깐 훑어보더니 일단 집으로 가자는 듯 앞장섰다.

결론부터 말하면, 나는 그날 매우 큰 잘못을 한 아이가 회초리 맞듯 혹독한 잔소리를 들어야 했다. 요점은 이것이었다. 할망구가 할망구답게 처신해야지, 그 나이에 가당찮은 욕심으로 웬 짐을 이렇게 많이 가지고 다니며, 택시도 아닌 버스를 타는 것은 망발이었다는 것. 더욱 서러웠다. 함께 흰머리 세어 가는 인생의 동지가 자기는 할아버지가 아닌 것처럼, 나의 늙음을 거세게 탓하였기 때문이다. 게다가 나의 늙음이 지혜롭지 못하다고 언성을 높이다니. 이리하여 나는 아줌마 축에도 못 들고 나도 모르는 사이에 어르신이 되었고, 결국에는 나이 처신 못하는 할망구가 되었다. '하! 내가 늙은 할머니라니, 노파老婆라니. 아, 무심한 세월이로다!'

아름다운 퇴장, 그 쓸쓸함에 대하여

잠 못 이뤄 뒤척이는 밤, 무심코 TV 채널을 눌렀다.

눈에 익은 백전노장의 가수께서 청중을 압도하고 있었다.

'그대 없이는 못 살아. 나 혼자서는 못 살아, 헤어져서는 못 살아, 떠나가면 못 살아.'

관중은 기립 박수로 환호했고 백발의 청춘은 그 특유의 제스처로 무대를 휘어잡고 있는 중이었다. 과연 반세기를 풍미했던 '살아있는 전설'답게 카리스마 넘치는 장면이었다.

노래 중간 중간 지나온 세월들을 곁들이며 살아온 날의 소회所懷를 풀어놓은 그의 얼굴은 여유로움과 아쉬움과 쓸쓸함으로 깊은 눈이 더욱 깊었다.

아직은 때가 아니라며 만류하는 사람들을 뒤로하고 손사래를 치며 당당히 무대 위에서 내려올 결심을 한 그분의 이별 콘서트를 보면서 많은 생각에 잠겼다.

좀 많이 아팠고, 천천히 나아지고 있지만 여전히 불편한 요즘이다. 제대로 잠을 자지 못하고 제대로 걷지를 못하며 제대로 못 먹는 동안, 어느새 절기가 바뀌었다. 이렇게 오래, 이렇게 호되게 아픈 적은 없었다. '무슨 신호일까. 느닷없이 성성한 사람을 연타로 내려치는 까닭은?' 한 달 안에 무려 세 번씩이나 수술대 위에 눕혀버린 그분의 숨은 의도가 분명 있음이라. 축 처져 있는 육신을 위 아래로 훑어본다. 붕대로 칭칭 감아 매달아 놓은 두 발이 무언의 시위를 하듯 내 시선 위에 머무른다. 그래. 무던히도 많이 써 먹었다. 발병이 날만도 하지. 입담 좋은 내 친구의 말마따나 이 날까지 자동차 반 바퀴도 못 굴린 위인이 어디든 부르면 달려갔고 가 봐야 할 곳이면 그 누가 말려도 기어코 가버려야 직성이 풀리고 마는 시간들의 연속이었다. 그러나 미련이나 후회는 없다. 다만 마음 안에 찜찜한 부분이 있다. 거칠 것 없이 달려왔던 긴 여정에 분명 넘지 말아야 할 선이 여러 번 있었을 것이다. 그 마지노선을 본의 아니게 넘어서면서 '가까운 지인들에게 혹여 생채기를 내지 않았는지? 무슨 일을 행함에 있어 나도 모른 사이 교만과 독선의 칼을 휘두르지 않았는지?' 시방 가만히 돌아볼 일이다. 특히 '욱'하는 급한 성격 탓에 공든 탑이 무너지면서 그 밑에 깔린 상대방의 비명을 방관하지는 않았는지. 방 한 칸을 차지하고 누워있으니 별별 생각들이 꼬리를 물고 이어진다. 흑백 사진으로 여과 없이 넘어가는 크고 작은 내 삶의 편린들. 마치 퍼즐을 맞추듯 가닥가닥 들춰가며 맞춰본다. 때늦은 회한이 가슴을 후빈다. 진정 내 인생의 가을은 이미 만추를 지나 겨울의 초입에 들어섰는데 '돌이킬 수 없는 시간 앞에 나는 지금 무엇을 해야 하는가? 마지막 남은 열정으로 내가 할 수 있는 일이 과연 무엇인가?' 곰곰이 생각에 생각을 거듭하고 있었다.

그때 어디선가 큰 울림으로 내게 이르신 말씀. "이제 그만 쉬어라. 그리고 이제 그만 모든 것을 내려놓아라." 하신다. 나는 순간 고개를 떨궜다. 누군가에게 뒷통수를 한 대 얻어맞은 기분이었다. 그리고 사실 부끄러운 고백을 하였다.

"그렇습니다. 기꺼이 내려놓겠습니다. 주님, 이제껏 서푼어치도 안 된 욕망을 부둥켜안고 안간힘을 썼습니다. 내가 아니면 안 된다는 이기적인 생각으로 모든 것을 움켜쥐고 있었는지 모릅니다. 어리석게도 무엇을 비울까보다는 무엇을 담아갈까 두리번거렸습니다. 하나를 담으면 다른 하나를 덜어내며 내려놓아야 한다는 자명한 이치를 미처 깨닫지 못했습니다. 이제 서서히 내려놓은 연습을 하겠습니다. 자식도 남편도 형제도 그리고 내가 붙들고 놓지 못했던 모든 것에서 이제 그만 자유를 선언합니다. 항상 젊은 청춘인 줄 알고 촐랑댔던 시간들을 이제 반납합니다. 채우는 것보다 비우는 것이 더 어렵겠지만 이제는 비워야 할 때. 반생을 대중 앞에 서서 갈채를 받았던 저 가수께서 아름다운 퇴장을 위해, 박수칠 때 떠나기 위해 서둘러 이별을 준비하는 모습에서 자신을 뒤돌아봅니다."

나는 마치 고해소告解所 안에서 성사聖事를 보듯 구구절절 뇌까리고 나니 가슴이 한결 트이고 후련해졌다.

모처럼 누워 있는 동안 많은 것을 찾았다. 잃어버린 나를 찾아 떠난 시간이었고, 내 안의 장벽을 허무는 시간이기도 했다. 그리고 나를 아는 모든 이에게 보내는 화해의 몸짓이기도 했다. 이제야 알았다. 두 발과 목을 묶어 둔 이유를 이제야 비로소 알았다. 느닷없이 침대에 눕힌 그 분의 깊은 뜻을.

사랑의 하모니

촛불회 막내 회원인 헬레나에게는 한 가지 작은 소망이 있었다. 그것은 사랑하는 딸 혼례식에 기도 모임인 촛불회 회원들이 축가를 불러주었으면 하는 바람이었다. 그러나 현실적으로 힘든 일이었다. 백발이 성성한 호호할머니들이 대부분 이어서 거동이 불편하거나 몇 시간 동안 버스에 앉아 있을 엄두조차 못 낼 형편들이었다. 그러나 막내는 끝까지 포기하지 않고 애처로운 눈빛을 날리며 미련을 못 버렸다.

한 회원이 시작도 해보지 않고 미리서 겁을 낼 것이 아니라 우선 시도를 해보자고 부추겼다. 그러나 그 누구도 선뜻 나서질 못했다.

며칠 후 오랫동안 성가대聖架隊를 이끌어 온 로사 자매는 결심한 듯 침묵을 깼다. 힘든 저들 부부에게 용기를 북돋는다는 마음으로 우리 한번 최선을 다해 보자고 말문을 열었다. 사실 그랬다. 그녀 남편이 어려운 수술을 하고 퇴원한 지 얼마 되지 않은 상태였다. 그런데 마침 딸아이가 사귀는 남자 친구가 있어 혼례를 서두른 모양이다.

의견이 모아진 후 바로 회원들은 입을 맞춰가며 노래 연습에 들어갔다. 몸이 부실한 회원은 병원 치료를 받으면서 연습에 참여했고, 서로가 서로를 격려하며 보이지 않는 사랑의 힘이 모아졌다.

드디어 혼례일. 버스에 올랐다. 광주에서 서울 목적지까지는 부지런히 달린다 해도 세 시간 반 이상 걸릴 터. '장거리 여행에 혹여 환자라도 생기면 어쩌나. 신부 아버지의 몸 상태는 별 이상이 없어야 할 텐데…….' 모두들 어수선한 생각들을 떨쳐버리려는 듯 말없이 서로를 살피면서 묵주 알을 굴리는 손끝만 부지런하다.

몇 시간 후 서울의 한복판. 압구정동 성당 안에 들어섰다. 하느님의 집은 평화롭고 아늑했다. 당신의 따뜻한 기운으로 가득 찬 이 성전에서 미사를 드리고 젊고 아름다운 신랑 신부의 앞날에 축복 있기를 기원하는 축가를 부른다는 것. 이 자체가 바로 분에 넘친 축복이 아닌가.

신부의 손을 잡고 가까스로 한 발 한 발 내딛는 아버지의 경건한 모습이 빛이 나서 서럽다.

벙벙히 차오른 복수腹水 때문인가. 아버지의 몸이 움직일 때마다 양복 앞자락이, 바람이 일 듯 들썩거려 숨이 차다. 피골이 상접한 얼굴에 어른거리는 저 사랑의 실루엣. 뉘라서 이 벅차고 아름다운 순간을 필설筆舌로 다 형용할 수 있으리. 질긴 천륜의 끈은 아버지를 불끈 일어서게 하고 딸은 세상에 없는 가장 귀한 선물을 아버지께 바쳤으니 이보다 값진 사랑이 또 어디 있으랴.

이제 축가를 부를 차례다. 할머니들은 하얀 블라우스에 검정 치마를 차려 입고 단상에 섰다.

드디어 저 눈부신 햇살처럼 곱고 아름다운 신랑 신부 앞길에 희망찬 미래가 펼쳐지길 기원하는 축가가 울려 퍼졌다. 혈기 왕성한 젊은이들이 부르는 축가도 아니요, 유명한 성악가의 축가는 더더욱 아니다. 멀리 지방에서 올라온 촌로들이 마음과 마음을 모아 바치는 사랑의 헌시獻詩요, 우정의 하모니가 울려 퍼졌다. 우리는 피아노 반주에 맞춰 있는 힘을 다해 천상의 나래를 폈다. 우리가 부른 노래는 간절한 기도가 되어 하느님의 성전을 휘어 감고 높은 천공을 뚫고 아스라이 퍼져갔다.

축가가 끝나자 격려의 박수와 함께 몇 분이 뛰어나와 악수를 청했다. 우리는 한참을 마냥 그렇게 서 있었다.

'우 생 순!'

한 때 장안의 화제였던 영화 제목의 이니셜이다.

현역에서 물러난 왕년의 핸드볼 선수들이 다시 모여 감격의 메달을 걸머쥔 모습들이 순간 뇌리를 스쳐갔다. 그렇다. 22년 전 "스스로를 태워 주위를 밝히자"는 취지로 발족한 열두 명의 도시 빈민을 위한 후원회원들. 40대 초반의 만남이라, 비록 빛나는 청춘은 아니었어도 온갖 열정을 다 쏟아부어 오늘에 이르렀으니 어찌 감회가 새롭지 않으리. 아득한 세월, 손과 손을 맞잡고 걸어온 이 길. 이제 눈부신 햇빛은 잔잔한 금빛 너울을 쓰고 순연한 얼굴로 서산에 걸려있다.

지금은 이 세상에 없는 S회원과 투병 중인 맏언니에게 달려가 오늘의 이야기를 들려주고 싶은 밤이다. 사랑의 이름으로 모인 촛불회 회원들의 생애에 가장 아름다운 순간이었다. 아니 멋진 사랑의 하모니였다.

9월이 오면

가을빛이 영글면 문득문득 생각난 사람.

오늘은 또 소슬바람으로 내게 오시었는가. 툭 한번 건들고 하롱하롱 구름 속 어디론가 사라지는 야속한 사람.

추석을 며칠 앞둔 어느 날, 해질녘에 전화가 걸려 왔다.

"이번 추석에 내려올래?"

"아니, 못 가. 연휴가 짧아 오가다 끝날 걸 어떻게 가."

"이상하게 지금 네가 진짜 보고 싶어야."

"매친 것, 평소에 안 하던 짓하면 죽기가 쉬워, 임마! 끊어."

매정하게 무안無顔을 주며 시답잖은 말 몇 마디 주고받고 수화기를 놓았다.

그 뒷날 다급한 목소리로 친구 Y한테서 전화가 걸려왔다.

"K가 운전 중에 쓰러졌어, 응급실로 이동 중인데 얘가 이상해, 얼굴빛이 변하면서 손발이 얼음처럼 차."

위급 상황을 바로바로 알리던 Y는 얼마 후 차마 말문을 못 열고 숨소리만 거칠었다. 마침내 돌처럼 무거운 음성이 고막을 때렸다.

"K. 갔다. 가버렸어. 이제 방금 하얀 천 둘러쓰고 냉동실로 들어가 버렸어." 울부짖는 소리와 함께 순간 모든 것이 멈춰 버렸다. 시간도 멈추고 생각도 멈춰 버렸다. 이럴 수가. 어제 오후 내가 뱉은 말이 씨가 되어 말 한 마디 못하고 자욱한 안개 속으로 그냥 그렇게 사라져 버렸단 말인가. 어제, 지상에서의 마지막 하직 인사를 어이없게도 그런 식으로 주고받다니. 내 탓이라 탄식하며 가슴을 쳤다. 평소 사분사분 속마음을 들춰낸다거나 허튼소리를 하는 성질이 아닌데 느닷없이 '진짜 보고 싶다'는 언사에 툭 튀어나온 그 말이 독이 되고 화살이 되어 이렇듯 내 가슴에 꽂힐 줄이야.

일 년 후, 또 한 번의 충격으로 가슴앓이를 했다.

홀로 남은 친구의 짝은 일찌감치 심상찮은 소문이 솔솔 묻어나더니 겨우겨우 일주기를 넘기고 후조처럼 새 둥지를 찾아 떠나버렸다. 뒤돌아볼 틈도 없이 도망치듯 떠나버린 그를 향해 노여워서 씨우적거렸고, 아무려면 그동안의 정리情理를 생각해서라도 그럴 수는 없다며 배신감에 모두들 입을 앙당물었다. 마치

이 세상 믿을 사람 하나 없다는 듯 '절대 먼저 안 죽어야지, 저꼴 안 당하려면 우적우적 잘 먹고 잘 입고 잘 단속하며 악착같이 살아야지…….' 사실 그 누구도 대신해 줄 수 없는 입장이면서 입 달린 여자 지인들은 입맛을 다시며 혀를 찼더랬다.

그런데 얼마 전, 어느 결혼식장에서 그의 가족들과 마주쳤다. 생전에 그토록 바랐던 손녀를 엄마 가신 해에 낳아 유모차를 끌고 나온 친구의 아들이 애잔한 목소리로 나를 불렀다. "이모, 누가 좀 뵙자고 하네요." 의미심장한 미소를 띠며 나를 안내 하였다. 그곳에 뜻밖의 남자가 서 있었다. 나는 할 말을 잃고 우두커니 서 있다가 겨우 입을 떼었다.

"잘 사시지요?"

"그저 그렇지요 뭐."

민망한 듯 그는 이마를 쓸어 올리면서

"듣자 하니 많이 아팠다는데 아프지 마셔요. 옆에 사람 놔두고 아픈 거 아니요."

물기 없는 목소리가 삭막한 광야에서 흩날리는 모래 바람처럼 아스라이 흩어진다.

그리고 남자는 안주머니에서 하얀 봉투 하나를 꺼내 내게 내밀었다.

"이것은 내가 준 것이 아니요, 당신 친구가 내게 심부름 시킨 것이오."

"……."

"다시 말하지만 옆에 사람 생각해서라도 부디 아프지 마셔요."

그 말을 남기고 약간 굽어진 등을 지고 허적허적 걸어가는 뒷모습에서 나는 흠칫 내 친구를 보았다. 아니, 함께 못 떠나고 어쩔 수 없이 남아있는 자의 비애悲哀를 보았다고 해야 옳았다. 하기야 그렇겠다. 불과 몇십 분 전까지 한 공간에서 숨을 쉬고 밥먹고 차를 마시며 한담을 즐겼던 아내가 한순간에 불귀의 객이 되어 눈앞에서 사라졌으니 이 갑작스런 부재不在를 인정할 수 없어 몸부림을 쳤을 그. 두려움과 허망함과 슬픔을 잊고자 한 시 바삐 누군가의 등 뒤로 숨고 싶었을 그. 그때 우리 모두는 방관자였다. 틈만 나면 내외간에 만나서 노닥거렸던 시간들을 뒤로하고 오직 그를 차디찬 시선으로 내몰았을 뿐 상대방의 입장을 미쳐 헤아릴 겨를도 여유도 없었다. 오직 야속할 뿐이었다. 그러나 어쩌면 먼저 떠나버린 착한 아내는 혼자 두고 온 남편의 행복을 멀리서 기원하고 있는지도 모를 일이다. 일을 직접 당해보지 않는 이상 왈가왈부, 함부로 남의 일에 대해 말할 것이 아니라는 것을 넌지시 일러주고 되돌아가는 그를 한참을 우두커니 바라보았다. 옆에 사람 놔두고 아프지 말라는 뼈아픈 그 한마디로 그 남자의 깊고 깊은 마음자락을 헤아리며 나는 그냥 오래오래 그 자리에 우두커니 서 있었다. 그러나 이 순간도 아쉬운 것은 제아무리 막막하고 고통스런 나날이어도 생사고락을 함께했던 아내를 기리며, 연애 시절, 그 아련한 추억들을 음미하며 서서히 자리매김을 하였으면 더 좋았을 것을.

봉투 속에는 "快癒, 一金 壹十萬원 故 馬00"라고 씌어 있었다.

나는 마른하늘을 우러르며 "친구야!" 온몸으로 불러보았다. 목이 메어 한참을 그대로 멈추었다가 다시 한 번 나직이 불러 보았다.

"친구야, 내 친구야!"

3부

그날 우리는

간판 없는 식당

오늘도 그녀의 부엌에서는 도마 울리는 소리가 한창이다. 토닥토닥, 자근자근, 두드리고 어우르는 리듬 탄 손놀림이 경쾌하다. 한쪽 손잡이가 떨어져나간 구년久年 묵은 백철白鐵솥에서는 추어탕 끓이는 소리로 바글거리고, 도마 위에 올려진 각종 야채와 해물들과 약간의 육고기가 잘게잘게 부서지면서 동그랑땡 모듬전이 만들어지기 직전이다.

잠시 후 초인종이 울리기 시작하더니 식탁의 주인공들이 하나 둘씩 모여들었다. 평소 얼굴들을 알고 지내는 사이이기에 반갑게 안부를 물으며 인사를 나누니 넓지 않은 집이 마치 잔칫집처럼 환하고 따뜻한 기운이 가득 차오른다.

"어서들 오시게, 이것 좀 도와줘."

그녀는 마냥 바쁜 듯 그들에게 무엇인가를 거들어 줄 것을 주문한다. 사실은 따로 손댈 일 없이 차려진 밥상을 보면 행여 쑥스러워 할까봐 일부러 마무리는 항상 손님 손에 맡기는 것이다. 거동이 불편한 이는 수저 젓갈을 놓고, 손이 잰 이는 얼른 주걱을 찾아 밥을 푸고, 미각이 좋은 이는 국간을 맞추다가 노릇노릇 지진 전이 탈세라 얼른 뒤집기도 한다. 식성이 좋은 이는 갓 버무린 얼갈이김치를 죽죽 찢어 접시에 담으면서 제 입에도 맛보기로 한 입, 이 사람 저 사람 입에도 한 입씩 넣어주며 맛있다고 추임새를 넣는다. 까르륵거리는 저 흥성스러움이라니…. 저 모습이다. 모처럼 환하게 웃는 저들을 보기 위해 힘든 줄도 모르고 매번 일판을 벌이는 그녀다. 어디서 이토록 흐뭇하고 짜릿한 맛을 느낄 수 있으랴, 무엇으로 이렇듯 구수하고 소박한 사람 냄새를 맡을 수 있으랴. 식사가 끝나고 나면 차 한 잔을 나누며 서로가 서로에게 가슴을 열고 눈시울을 적시는가 하면 때로는 파안대소하는 그 모습에서 온갖 피로와 욱신거림이 순식간에 사라져 버리는 그 맛을 알기에 하는 말이다. 괜스런 오지랖 탓에 그냥 지나치면 될 일도 눈에 밟혀 뒤돌아보는 것이 항상 병이라면 병이다. 시시콜콜 살펴보고 해결사 노릇을 하려고 드니 언제나 심신이 고달프다. 그러나 신기한 것은 그녀에게 그 일이 하나도 귀찮다거나 싫은 적이 거의 없다는 사실이다. 언제부터인가 그녀는 그들 삶의 애환이 깃든 언저리를 배돌며 때로는 영혼 깊은 곳의 허기를 달래주는 치료사 역할도 마다하지 않았다. 그러다 보니 아무래도 그녀가 나타나는 곳은 늘 사람 숲이 만들어진다. 활기찬 공기가 만들어진다. 하기야 인간 군상들이 모여 사는 세상은 천차만별이 아니던가. 그녀 주위만 봐도 우선 걸음새부터 도도하여 거만을 풍기는 자들이 진을 치는가 하면 배고프고 춥고 아프고 허기져서 가쁜 숨을 몰아쉬는 이들이 공존한다.

이런 다양한 사람들 모두 날마다 하루하루의 삶을 살아낸다. 작은 기쁨 때문에 웃고 깜짝 놀랄 행운 때문에 환호성을 지르다가도 어느 날은 삶에 지쳐서 울고, 몸이 아파서 울고, 가족 때문에 시름겹고…. 웃다가도 눈물로 씨를 뿌리고 사는 사람들 곁에서 다른 사람의 아픔을 아파할 줄 알기에 아직 우리가 사람인 것이다. 각다분한 생이 서러워 땅을 치며 절망하는 자들 옆에서 그들의 말을 들어주고 손수 지은 따뜻한 밥 한 끼 나눈다는 마음으로 자꾸 사람들을 집으로 불러들이기 시작했더란다. 서울과 광주를 오르내리며 두 집 살림을 하는 와중에도 안 보면 궁금하고 좀이 쑤셔 틈만 나면 불러들였다. 지지고 볶다보면, 잠시라도 시름이 덜어지기에 마냥 즐거워하는 그 모습들이 눈물나도록 정겨워서 아예 내놓고 일판을 벌린다는 그녀. 어느 날은 늘 말없이 지켜보던 가까운 친구가 차라리 이 집을 아예 '간판 없는 식당'이라 부르자고 하더란다. 대저 품새에 맞춤한 이름이라며 그녀를 아는 사연 많은 사람들은 전화 한 통이면 이 간판 없는 식당으로 스스럼없이 모여든다고들 한다. 그러나 요즈음 이 식당은 들락거리는 손님보다 배달 손님이 더 많다. 이제는 더 이상 움직일 수 없는 사람들, 아니면 단 몇 시간도 환자 곁을 떠날 수 없는 보호자들. 또는 억지로 식음을 전폐하기로 작정한 사람들을 위해 스스로 배달을 자청한다. 어둑한 방에서 혼자서 골골거리며 신음하는 김 할머니, 새벽같이 일어나 빈속으로 운전석에 앉았을 택시 기사 김씨 아저씨. 지난 봄, 미국에서 박사학위를 딴 아들을 현지에서 교통사고로 잃은 참척을 겪어 가슴이 텅 비어버린 어미가 된 이웃까지. 이들이 눈에 밟혀 오늘도 그녀는 구절판 모양으로 칸막이가 된 반찬통에 사랑과 정성을 담는다. 그리고 그녀는 곡진한 마음으로 기원한다. '제발이 밥 먹고 기운들 차리시라, 이 식당의 식사비는 돈으로 환산할 수 없는 아주 비싼 밥이다. 왜냐하면 이 간판 없는 식당을 이용했던 손님들은 힘든 병마와 싸워 완쾌해야 하고, 실패한 자는 다시 일어서야 하며 생의 끈을 놓아버리려 하는 자는 악착같이 붙들어야 하기 때문이다. 생각해 보라. 생사 길흉화복生死吉凶禍福이 어찌 내 소관이던가. 아무튼 정신들 바짝 차리시고 모두들 일어서시라고.

그녀는 진실로 그들이 식사비를 치러냈으면 하는 소망을 가지고 오늘도 간판 없는 식당의 보이지 않는 문을 연다. 조물거리는 이 하찮은 손놀림이 밥이 되고 국이 되며 맛깔스런 그들의 반찬이기 전에 힘과 용기와 희망의 활력소가 되기를 간절히 바란다. 그리고 '저 아픈 사람들을 내 눈에 보이게 해 주어서 감사, 감사하다.'는 그녀의 기도가 하늘 끝에 닿았으면 하는 바램을 품는다.

해질녘 그녀는 또 양손에 사랑과 정성을 안고 총총히 어디론가 발걸음을 재촉한다.

배롱나무 아래서

그리움의 소리

천지간에 그리움이 피었다. 아롱아롱 추억이 물들었다.

한여름을 수놓은 저 빛 고운 홍자색 꽃잎 속에는 알 수 없는 눈물이 그렁그렁 배어있어 왠지 쳐다만 봐도 가슴이 먹먹해 온다. 오늘따라 가는 길 멈추고 저 꽃그늘 아래 퍼질러 앉아 목놓아 울고 싶은 심사는 어인 일인가. 앞 다퉈 피고 지던 화사한 봄꽃들이 서서히 물러가고 매미 울음소리 얼얼한 7월에 접어들면 열아홉 살 처녀의 갑사댕기로 빼끔히 얼굴을 내밀기 시작해서 긴긴 여름 날 소리 없이 생성과 소멸을 거듭하며 세월을 다스리는 꽃. 어찌하여 저리도 애잔하면서도 똘망한 얼굴인가. 어찌하여 저리도 싹싹하면서도 화사한 자태인가. 자디잔 꽃술을 숭

얼숭얼 매달고 "아무개야," 하고 부르면 금방이라도 "예, 예"하고 앞 다퉈 꽃가지를 흔들어 살랑거릴 것만 같은 꽃. 언제부턴가 매년 이맘때면 그리운 임 찾아 달려가듯 백일홍 군락지를 순례를 하는 버릇이 몸에 배고 말았다.

오늘은 화개와 구례 사이 19번 국도 조붓한 강변길을 달린다. 사방은 고즈넉하다. 산 그림자 일렁이는 길. 그 길 위에 서서 망연히 사위를 바라본다. 물비늘을 번뜩이며 유유히 흐르는 강물. 갈수록 치렁해진 진녹색 숲. 끝도 없이 펼쳐진 선홍빛 물결. 저 곱디고운 빛깔 속에는 내 유년의 추억들이 서려있어 그리움으로 출렁인다. 먼 먼 옛날 열다섯 살 소녀가 환생하여 걸어 나오고 저 빛깔 속에는 팔월 한가위가 있고 그때 입었던 홍갑사 치마와 샛노란 저고리가 나풀거린다. 저 빛깔 속에는 까마득한 날의 이야기가 전설처럼 모락모락 피어오르며 마치 어제이듯 생생하다. 환상일까? 문득, 구름처럼 몽게몽게 피어나는 꽃무더기 속에서 느닷없는 얼굴들이 보인다. 보름달이 환하게 비친 밤. 한량이라 소문난 김씨네 집 앞마당에는 외갈래로 곱게 따 내린 댕기머리 처녀들의 수런거림과 둥근 원을 만들어 손에 손을 잡고 고개를 다소곳이 숙인 추임새 직전의 모습들이 마당 가득 실루엣으로 흔들린다. 드디어 선창을 하는 찬심 언니의 메김 가락이 아스라이 퍼지면서 구성지다. 노랑 저고리에 홍 갑사 치마를 살포시 차려입고 외갈래 머리끝에 살짝 묶은 치마 색깔 댕기가 달빛에 어른거린다. "가-앙-가-앙-수-월-래," 진양조 느린 가락으로 몸동작을 어르는 정의 흐름이 달빛에 요요하다. 서서히 발을 떼는가 싶더니 점점 중모리, 중중모리, 결국에는 자진모리로 자리메김하면서 너나 할 것 없이 춤사위가 절정을 이룬다. 땅이 꺼져라 출렁이던 춤판이 서서히 숨을 고르며 또 다시 찬심 언니의 구슬픈 메김이 흐느낌으로 처절하게 흘러내렸다. 가슴 속 저 밑바닥에서 끌어올리는 탄식과 절규와 애절함이 묻어나는 절절한 소리였다.

찬심 언니는 김한량 어르신의 맏딸이었다. 절세미인은 아니래도 갸름하고 다소곳한 품새가 그 누구라도 욕심낼 만한 처녀였다. 그런 그녀가 하필이면 동성동본 오빠 친구와 눈이 맞았다.

온 동네가 떠들썩하였다. 입에서 입으로 소문이 눈덩이처럼 불어나면서 그들을 옭아매었다. 그때만 해도 도저히 용납 못할 세상인지라 처녀 귀신으로 늙혔으면 늙혔지 그런 해괴망측한 혼사는 있을 수가 없는 일. 흑단 같은 머리칼은 싹둑싹둑 잘려 나갔고 문 앞도 얼씬 못할 금족령이 내려졌다. 그녀는 몰라보게 야위어 갔고 시름시름 맥을 못 추었다. 팔월한가위. 보다 못한 어르신은 딸을 위해 넌지시 동네 처녀들을 집안으로 불러들여 판을 벌리도록 주선했으리라. 하여 그녀는 모처럼 열려진 대문 밖을 힐끔 힐끔 훔쳐보며 요동치는 가슴을 여며 쥐고 한 맺힌 선소리로 강강술래 메김을 했을 것이다. 선혈이 낭자한 배롱 꽃빛보다 더 붉은 피를 토했으리라. 배롱 꽃, 그 누구의 눈물이며 고통이며 사랑인가. 이룰 수 없는 사랑 하나 지울 길 없어 저리도 붉디붉은 꽃으로 환생했을까.

흐르는 세월

그가 쇼파에 앉아서 꾸벅꾸벅 졸고 있었다. 그를 흔들어 깨워 안방으로 들인 후. 퍼뜩 '때는 이때다.' 순간 가슴이 요동을 쳤다. 밑그림을 그렸다. '다다닥-.' 머릿속 회전률이 꼭 이 대목에서 항상 빠르다. 우선 몇몇 지인들에게 암호 문자를 날리듯 용건만 간단히 알리고 챙겨야 할 것들이 대충 머리에 입력이 됐으니 이제부터 행동 개시다. 까다 만 마늘을 한쪽으로 밀쳐놓고 후다닥 도시락 준비를 한다. 그리고 잽싸게 정해진 먹거리들을 주섬주섬 집어넣고 실내를 한 눈에 쭉 살핀다. 마지막으로 메모용 칠판에 흔적을 남겨 놓고 입은 채로 고양이처럼 살망살망 빠져 나와 손 빠르게 대기한 차를 타고 마침내 줄행랑(?)을 쳤다. "가자, 명옥헌으로!" 모두들 도깨비에 홀린 듯 서로간의 얼굴을 멀뚱히 쳐다보다가 "푸하하!" 그만 배꼽을 잡고 웃는다. 갑자기 손위 형님 한 분이 내 머리통을 쥐어박으며 "아이고 이 웬수." 눈을 흘기고 입은 웃고 있다. 며칠 전 꽃 바람난 여인네가 만들어낸 번개팅의 실체다.

명옥헌의 여름은 활활 타오르고 있었다. 병풍을 치듯 빙 둘러

싸인 배롱나무 꽃 무더기 사이로 푸르디푸른 전송과 느티나무 원림이 어울려 장관이다. 생짜로 떨어져 연못가에 동동 떠 있는 꽃잎에 시 한 수 읊어 이별을 노래하니 이름 모를 산새 한 마리 푸드득 날갯짓으로 화답한다. 못 속에 풍덩 빠져 얼비친 저 꽃 그림자는 그 누구의 피가 설설 끓어 돋는 화염의 자국이련가. 감미롭고 촉촉하다. 달디단 이 기분으로 한잔 술은 어떠리. 배롱나무 꽃그늘 아래 둘러앉아 소찬을 벌려놓고 십여 년 전 울릉도 성인봉 등반길에 해변가에서 따다 담근 송순주를 한 순배씩 돌렸다. "캬-. 크윽!" 술 넘기는 소리가 제법 호기롭다. 모두들 취기가 도도해지는지 모처럼 볼그족족한 얼굴들이 꽃처럼 환하다. 평소 말수가 없는 T여사 마저 게슴츠레 풀어진 눈을 꿈벅이며 한 말씀 던진다.

"인생 참 무상도 혀, 언제 이렇게들 다 시들어 버렸냐?"

"시들다니 이 사람아. 인생은 정작 이제부터여, 지금 이 순간이 바로 빛나는 청춘 아닌가!"

씁쓰레 받아치는 B여사의 주름진 얼굴이 오늘따라 유난히 몇 겹으로 겹친다. 그때 한참을 황야를 헤매는 성자 같은 모습을 하고 있는 R여사를 옆에서 누군가가 툭 건드리며 한 곡조 뽑을 것을 권한다. 그녀는 군말 없이 눈을 지그시 감고 목청을 가다듬는다. 그리고 손을 들어 먼 산을 우러르며 이 시대의 소리꾼 장사익의 폼을 잡는다. 그녀는 한을 토해내 듯 유연한 손놀림과 함께 온몸으로 흐느끼듯 열창을 했다. 옆에 있던 T여사는 부스스 일어나 가락에 맞춰 덩실덩실 춤을 추었고, 제 감정을 이기지 못한 그녀의 목소리는 한참 허공을 맴돌았다. 한 잔 술에 놀아난 R여사의 촉촉이 젖어있는 눈가에서 세월을 읽는다.

계곡물이 흘러 연못을 채우고 다시 그 물이 아래 연못으로 흘러가는데 물 흐르는 소리가 옥玉이 부딪치는 소리 같다고 해서 이름한 "명옥헌." 그 정자에 올라 젊은 날의 자취를 더듬으며 담소하니 신선이 따로 없다. 아늑하고 풍요롭다. 자연과 벗과 풍류가 한데 어우러진 이 한마당이 즐겁지 아니한가. 삶이 나름대로 윤택하다함은 바로 이런 것인가. 생각해보면 차고 넘치는 과분한 분복이다. 네모난 못 한가운데 떠 있는 외로운 섬 하나. 배롱꽃 한 그루 그곳에 서서 사계절을 묵묵히 지켜보나니…. 대저 못 말릴 세월이로다. 애잔한 마음을 안고 아쉽게 발걸음을 돌린다. 그리고 그가 깜박 오수를 즐긴 사이 한나절을 너끈히 훔친 도둑고양이는 바로 시장이나 다녀온 것처럼 양손에 들고 있던 짐을 내리며 푸듯이 중얼거린다.

"휴-, 무슨 날씨가 이리도 더워!"

추억 속으로

9월이다. 들판이 노랗게 물들고 있다. 누가 기다린 것도 아닌데 기어코 화순 너릿재를 넘어간다. 어쩌면 길고도 길었던 여름의 마지막이 아쉬워 무작정 발길을 돌려 이 길 위에 서 있는지도 모른다. 폭염 속에서도 가을은 서서히 발걸음을 하고 어쩌다 살랑대는 바람 속에서, 목구멍 속으로 흘러 들어오는 공기 속에서도 어김없이 가을을 들이마신다.

사평으로 가는 길은 가도 가도 끝이 없는 피안의 길이련가. 양쪽 길가를 배롱꽃으로 치장한 이 길은 지나가는 길손을 사열을 하는 듯 반긴다. 이 길에 들어서면 생각지 못한 지난 일들이 스쳐가면서 회한과 아쉬움으로 가슴을 여미는가 하면 '참. 그때 그러기를 잘했어.' 저절로 고개가 주억거려지는 옛 시절이 있어서 좋다. 그런데 오늘의 이 길은 마치 꽃 등불을 달고 구만리장천을 떠도는 넋을 어디론가 인도하는 행렬인 듯 서늘하면서도 왠지 생경스럽다. 꽃길을 한참 달리다 살짝 옆길로 샌다. 들판을 지나 또 산길을 굽이돈다. 양지바른 쪽에 그림 같은 산동네가 보이고 개울물이 흐르는 골짜기에도 배롱꽃이 무더기로 피어있다. '아마 저 꽃이 이제는 마지막일 터인데 저리도 곱고 생생할까.' 차에서 내려와 개울물에 손을 담근다. 꽃 그림자 잠겨 있는 물살을 가르다보니 뜬금없이 권있는 우리 성아 생각이 나서 입가에 뱅그르 미소부터 흘린다. 올해 칠순을 맞는 그녀는 오 척 단구에 피부색이 가무잡잡하면서도 나이보다 탱글탱글하다. 자디잔 손마디하며 또록또록 여문 얼굴 생김새가 꼭 배롱꽃을 닮았다. 그녀는 가끔씩 어릴 적 잊지 못할 사연들을 그 특유의 잘깃잘깃한 입담으로 잘도 풀어낸다. 그녀는 항상 소싯적 이야기를 꺼내려면 서두에 반드시 고향집 주소와 어머니의 택호를 변사처럼 읊고서 말문을 튼다.

"그러니까 말이시. 내가 영암군 신북면 갈곡리 262의 2번지 당촌 댁 칠남매 중 막내딸로 태어났거든."으로 시작해서 구구절절한 사연 중에 두 사건이 단연 압권이다.

추석빔으로 어머니는 까치 동방과 연분홍 치마를 밤새워 만들어 주셨단다. 어린 마음에 도무지 추석까지 기다릴 수가 없어 한번만 입게 해달라고 칭얼거리니 그러면 개울물에 목이 하얗게 될 때가지 깨끗이 씻고 오라고 하시더란다. 그녀는 쏜살같이 개울로 달려 나가 열심히 목을 문지르고 또 문질렀다. 살갗이 벌게지도록 제아무리 씻고 또 씻어도 검은 색이 하얗게 될 리 없건만 거의 한나절이 다 되도록 문지르다보니 아침에 오일장을 보러나간 동복아제가 장을 봐 돌아오더란다. 아제 왈, "너 지금까지 거기서 뭐하노?" 그 말이 끝나기가 무섭게 "으앙!"하고 서럽게 울음보를 터트리고 말았단다.

막내인 그녀가 여섯 살 때의 일.

한창 터울이 있는 큰오빠는 도시에서 학교를 다녔다. 방학 때 집에 오면 괜히 좋으면서도 무섭고 서먹했다. 그런 오빠가 광을 무시로 드나들며 입안에 무엇인가를 가득 넣고 우물거리고 나오더란다. 어린 마음에 '나도 광에 들어가서 맛있는 것을 찾아 오빠처럼 한입 가득 넣어 봐야지.' 하며 기회를 보던 차 마침 광문이 열려있어 컴컴한 광안에 들어가 더듬거렸다. 드디어 넓적한 다라에 손을 넣었더니 보들보들 하면서도 입자가 가는 가루가 손에 잡혔다. 옳거니 콩가루다 싶어 그 조막막한 손을 있는 대로 펴 욕심껏 한 움큼 쥐었더란다. 그리고 미련 없이 입안에 탁 털어 넣은 순간 목구멍에서 불이 나고 눈에는 번개가 번쩍 일더니 재채기를 하며 뛰쳐나와 그대로 나동그라졌더란다. 입안에 콩가루가 아닌 고춧가루를 가득 물고 눈과 코와 귀에서는 불그스름한 물이 비쳤으니, 그 광경을 목격한 이웃 아짐이 펄펄 뛰며 "오매, 사람 살리소, 당촌댁 막내딸 다 죽어가네!" 손을 싹싹 비비며 "부처님, 하느님 이 일을 어쩐다요…." 손짓 발짓 다 동원해가며 읊어대는 그녀 얼굴은 어느새 순진무구한 시골 아이가 되어있다.

칠순을 맞는 우리 성아 넉넉한 얼굴과 한없이 순박했던 시골 아이의 얼굴이 교차되면서 흘러간 옛 시절이 그리워 한참을 추억 속을 더듬었다.

참으로 길고 무덥던 날 소리 없이 피고 지고를 반복하던 저 아름다운 배롱꽃도 이제 머지않아 자취를 감출 것이다. 그리고 그들을 찾아 헤맸던 못 말릴 이 열정도 가을바람으로 하여 시나브로 식어갈 것이다.

차라리 침묵하라

말을 조리 있게 한다는 것은 사람에게 큰 재산이다. 똑같은 내용을 전달한다 하더라도 그 형식의 꾸밈이나 내용의 구조가 월등히 뛰어난다면 전달 효과는 천양지차가 되기 때문이다. 그 악명 높은 히틀러의 연설이 〈세계의 명연설〉의 목록에 오른 것도, 어디까지나 그의 말솜씨 때문일 것이다. 그의 세치 혀로 대중을 선동하는 화술이 얼마나 뛰어났으면 극히 이성적이고 합리적이었을 독일인들을 나치 독일의 광포한 역사 속으로 몰아갔을까. 생각해 보건데 말의 힘은 실로 막강한 것이다. 한 마디 말로 사람을 죽이고, 다시 또 다른 말로 죽었던 사람을 발딱 일으켜 세울 수 있다. 끝없이 감미롭고 아름다운 문장이 황홀경에 이르기도 하고 진저리쳐질 정도로 잔인하고 무서운 광경을 묘사한 하드보일드한 문장에 두 눈을 질끈 감아버리기도 한다.

TV나 라디오에서는 말 잘하기로 이름깨나 난 사람들이 나와, 쉴 새 없이 재기발랄한 말들을 토해낸다. 요즘에는 얼굴이 아무리 잘나고 몸매가 근사해도 말주변이 없는 이들에게 카메라샷이 오래 머무르지 않는다. 그들은 수줍게 웃고 있을 뿐, 말 못하는 죄로 갑자기 방외인이 되고 만다. 심지어 누가 누가 말을 잘하나 견주는 내기까지 하면서 시청자의 눈을 사로잡고, 시청자 역시 그런 프로그램에 전폭적인 지지를 보내는 판이니 이런 광경이야 대수롭지 않을 수 있다.

그러나 너무 말이 많은 사람 앞에서 나는 피로하다. 그것도 몹시 피로하다. 말을 많이 할수록 쓸 말이 별로 없으려니와 결국은 그 말로써 씻지 못할 생채기를 내는 것을 허다하게 볼 수 있다. 말의 형식과 말의 내용이 한 치의 오차 없이 꽉 짜여진 오동나무 반닫이처럼 단단하게 결합되어 있지 않기 때문에, 말을 내뱉은 사람의 마음이 오롯이 전달되지 않기 때문에, 본의 아니게 오해의 소지를 낳게 하고 말을 말대로 받아들이지 못하게 된다. 연예인이 나와서 이별을 한 심정을 고해도, 그 심정의 절절함에 집중하기 보다는, 이별했음을 만방에 알리고 그 심경을 발표해야 하는 말의 메커니즘에 대해 집중한다. 그리고 이 비인간적인 의사소통의 비극에 대해 지질리고 만다. 게다가 나 같은 시청자가 있을 것을 예상했는지, '정말로'와 '진심으로'를 남발하며 이별의 소감을 말하는 당사자 역시 자신의 심정을 곧이곧대로 믿어줄 것 같지 않다는 속마음을 내비친다. 말을 하는 자, 그리고 말을 듣는 자 모두 말을 믿지 않는다. 이 말은 말을 가운데 두고 서로 만난 상대를 믿지 않는다는 것과 같은 의미이다.

결국 문제는 이것이다. 말은 넘치고 차는데, 진실로 소통은 되지 않는다는 것. 말이 사람들 사이를 흘러 다니면 흘러 다닐수록 사람 사는 풍경이 진경이 되어야 할 터인데, 양적인 팽창에도 불구하고 사람들의 소통의 질은 나아지지 않는다는 것. 그리하여 피로한 하루의 노동을 이겨낸 일용직 노동자 사이에 육두문자가 섞인 드잡이가 벌어지고, 직장 상사와 부하직원 사이에, 부모와 자식 사이에 격한 말다툼이 생겨나며, 대통령과 정부 여당, 그리고 야당과의 사이에서 종북몰이, 국정원 선거개입 운운하며 정국을 환란의 소용돌이 속으로 몰아가는 정치적 코메디가 생산되는 것이다. 그래서 차라리 나는 침묵하고 싶다. 나라도 겉만 번지르르하고 알짜배기와 고갱이라고는 눈 씻고 찾아 볼래야 찾아볼 수 없는 이 말들의 세례에 일조하고 싶지 않다. 나는 차라리 침묵함으로써 이 진정성 없는 말들의 향연에서 벗어나고 싶다. 아메리카의 인디안 부족 테난 수우족의 지파인 라코타 족은 "침묵은 진리의 어머니이다."는 믿음을 가지고 있었다. 그들에게 항상 말을 할 준비가 되어 있는 자는 지혜로운 자가 아니었다. 상대를 만났을 때 상대에 대한 마음을 가다듬으면서 한동안의 침묵을 지킨 후에 천천히 시작하는 대화가 그들이 생각하는 이상적인 말의 주고받음이었다. 말 앞서 반드시 있어야만 하는 것이 침묵이었고, 말이 없더라도 반드시 있어야 할 것이 침묵이었다. 침묵하는 시간을 통해 그들은 충분히 생각하고 느끼고 상대를 배려하면서 곡진하고 진실한 의사소통의 기틀을 다졌다. 그들의 진정한 언어는 침묵이었던 셈이다. 누가 무슨 말을 하면 바로 재치있는 대답을 해넘기는 순발력 보다, 말을 통해 상대를 느끼는 영혼의 교감 상태를 침묵을 통해 완성하는 웅숭깊음. 그 웅숭깊음의 은은한 매력 때문에 나는 "차라리 침묵하라!"하고 말하고 싶은 것이다. 그러니 차라리 침묵하라.

에끼, 몹쓸 것

시간이 갈수록 빗줄기가 억세어졌다. 마른하늘은 천둥 번개를 동반하며 벼락을 치듯 우르르 쾅쾅거렸다. 그때 '따르릉' 전화벨이 한 번 울리고 끊겼다. 예상했던 대로 그녀의 번호가 떴다. 예전처럼 집 앞에 도착했으니 내려오라는 신호이리라 지레짐작하고 남편과 나는 한 말 남짓한 곡물穀物을 나눠들고 서둘러 내려갔다. 그러나 사방을 둘러봐도 자동차도 사람도 안 보였다.

기다리기를 20여 분. 마지못해 전화를 했다. 신호는 가는데 응답이 없다. 다시. 또 다시. 몇 번을 데시를 했으나 묵묵부답이다. 불안해졌다. '혹여 운전 중에 전화를 하다 그만 사고라도?' 무슨 방정맞은 소리. 고개를 흔들며 마음을 가다듬느라 괜한 헛기침을 해댔다. 아무리 재다이얼을 누르고 또 눌러봐도 반응이 없다. 엎친 데 덮친다더니 하필이면 이때 무슨 변고일꼬. 숨은 헉헉 차오르고 가슴은 후들후들 떨렸다. 그렁해진 눈물을 감추려고 고개를 옆으로 돌리고 동동거렸다. 그때 돌처럼 무거운 음성이 귓가를 때렸다.

"아무래도 무슨 일이 일어났어. 빗길 운전에 전화를 하다가 운전대를 놓쳤든지 아무튼 사고가 틀림없어."

한참 숨을 고르던 그는 다시 격앙된 목소리로 "이제 어쩔 것이여. 지금 내 심정이 어쩐 줄 알기나 해, 이 와중에 무슨 선식을 만들겠다고 오기 싫은 사람 오라 가라 하더니 이 지경이야."

그는 손에 들려있던 곡물 자루를 내 앞에 팽개치듯 내동댕이치고 엘리베이터 안으로 사라졌다. 아무래도 좋았다. 당신이 더한 화를 낸들 무슨 대수이랴. 제발 아무 탈 없이 그녀가 무사하기만을 빌고 또 빌었다. 그리고 재다이얼 신호가 못 미더워 꼬박꼬박 숫자를 누르고 또 눌러봐도 응답이 없기는 마찬가지. 피가 마른다는 말이 실감이 났다. 하늘은 어찌하여 이렇듯 빗물을 쏟아내고 가슴은 어찌하여 이리도 두 방망이인가. 몇십 년 지켜 본 바로 이렇게 실없는 사람이 아닌데 이 일을 어쩌나. 가까운 파출소에 연락하여 사고 차량을 확인하는 것이 더 빠를까, 갈피를 못 잡고 허둥거렸다.

'지성이면 감천이라 했던가.' 아니면 제아무리 발버둥을 쳐도

꼭지가 돌아야 응답이 오는 것일까. 지치고 지쳐 이제는 아무런 기대도 않고 번호를 눌렀는데 사람 소리가 들려왔다. 그녀였다.

"어딘가, 안 다쳤어?"

"뭘요?"

목소리가 낭랑한 것으로 봐서 사고는 아닌 성싶었다. 순간 아침에 주고받았던 말이 스쳤다.

"그러면 혹시 곗 방인가?"

"……."

잠깐 우물쭈물 하더니 그렇다고 했다. 순간 머리가 확 돌아버렸다.

나는 거두절미하고

"뒈진줄 알았다. 이 인간아. 들어가."

소리를 꽥 질렀다. 그리고 갑자기 힘이 쭉 빠지면서 주저앉았다.

다시 전화가 걸려왔다. 변명이라고 하는 말. "형님은 그냥 서울로 가시면 되잖아요. 내가 날 좋은 날 아주머님 하고 함께 가서 만들어 오면 될 걸 뭘 그리…, 사실 지금 곗 방이 아니라 사우나탕이에요. 약속한 시간에 바로 갈려다 말고 오늘 모임도 있고 해서 먼저 씻고 그쪽으로 갈 참이었어요."

그러면 왜 하필 그 시간에 전화벨을 울려 사람을 놀라게 했느냐고 묻고 싶었다. 그러나 틈을 주지 않고 자기 말만 앞세웠다. 이럴 수가. 너무나도 황당한 말에 나는 그때부터 이성을 잃고 말았다.

"에끼, 못된 것. 네가 사람이냐? 다 거둬도 검은 털 난 짐승은 안 거둔다더니 이래서 그 말이 나왔구나. 달카닥-."

이 말 외엔 아무리 되짚어 생각해도 무슨 말을, 지껄였는지 더 이상 기억에 없다. 그러나 세상에 없는 반가움과 미움과 증오가 화살이 되어 날아갔을 것이다.

남편은 항상 건강한 사람인 줄 알았다. 칠순에 가까운 나이에 지금도 축구를 한다. 그들 사이에서 별칭이 '달리는 기관차'란다. 매사에 규칙대로 움직이고 미리미리 건강 체크도 한 사람이다. 그런 그가 어느 날 건강 검진을 받으러 갔다가 위에 폴립이 몇 개 생겼다는 진단을 받았다. 평소 조그마한 뾰루지도 용납 못하는 성격이라 기어코 서울에서 입원하여 시술을 했다. 막상 조직 검사를 해보니 폴립이 아니라 암 조직이었다. 그때부터 그는 며칠 사이에 몰라보게 수척해지면서 중환자가 돼버렸다. 갑작스럽게 닥친 일이라 우왕좌왕이다. 병은 한 가지인데 약은 백 가지다. 서울 살림을 청산하고 즉각 내려와야 했다. 그러려면 얼마 간의 시일이 걸려야 했다. 딸아이 집에 도우미 아줌마도 들여야 하고 이런저런 마무리를 위해 올라갔다가 와야 하는데 당신 혼자 놔두고 가려니 발길이 떨어지질 않았다. 나는 그녀가 너무 잘 안다는, 그 집 밖에는 믿을 곳이 없다는 선식 만드는 집을 데려다만 주고 다시 되돌아서 가도 된다고 누누이 사정했건만 오늘이 곗날이라며 어물쩡거렸다. 이제는 한술 더 떠 거기 전화번호도 상호도 모르지만 내가 대강 위치를 가르쳐 주면 아주버님이 찾아갈 수 있을 것이라고 했다. 약속했다. 몸도 성치 않는 사람이 구차하게 스스로 찾아갈 사람이냐고 반문했다. 그녀는 마지못해 "세수만 하고 지금 바로 갈게요." 하고서는 집이 아닌 사우나탕에서 신호 한 번 올려놓고 물속에 들어가 있었던 것이다.

평소에 한참 손아래 동서인 그녀를 친정 동생이듯 대했다. 데면데면한 성격 때문에 항상 시댁 식구들과 불협화음이 잦아 될 수 있으면 나라도 그녀를 감싸 안았다. 하여 바로 내 셋째 동생 부르듯 '아무개야', 하고 스스럼없이 이름을 불러주는 그런 사이였다. 그게 화근이었다.

평소 서로가 예의를 갖추고 깍듯한 동서지간으로 지냈으면 이런 황당한 일을 당할까.

오늘 아침 다급한 속사정을 조목조목 털어내며 오전 중에 일을 마치고 서울로 올라가야 할 피치 못할 사정을 들어서 뻔히 알면서도 이럴 수는 없는 것이다. 가족이란 무엇인가. 즐거운 일이 있으면 같이 즐기고 슬픈 일이 있으면 같이 슬퍼해야 하는 관계가 아닌가. 부모 효도, 형제 우애父母孝道, 兄弟友愛 시아버님 살아생전 손수 써서 걸어주신 가훈家訓이 나를 노려본 듯 민망하다. 헛헛한 가슴을 쓸며 자신을 한번 되돌아본다. 부끄러울 일이다. 아무리 화가 났더라도 입은 신중했어야 옳았다. 그러나 전라도 사투리. 그 투박한 말솜씨로 따발총 엮듯 따따따 해버렸다면 상대방도 그 성격에 아마 자지러졌을 것이다.

저나 나나 동격인데 억울해서 땅을 쳤을 것이다. 그러나 이 부적절한 언사에 대하여 할 말은 있다. 처음 그 말의 원천은 아무 사고 없이 무탈함에 대한 안도의 의미요, 반가움의 표현이었다. 정말이지 기다리는 동안 일각이 여삼추였다. 성성한 모습으로 내 앞에 나타나만 준다면 달려가 껴안으며 고맙다고 몇 번이고 토닥였을 절절함이 묻어있는 말이었다.

또 한편으론 섭섭함과 노여움과 분노가 쓰나미 밀려오듯 덮쳤을 것이고 상대를 향한 기대감이 무너지면서 절망하며 한탄하며 스스로를 자책하는 말. 아니 말이 아니라 엄밀히 따지자면 욕이었음을 부인하지 않겠다.

막심 고리끼는 욕에 대해 이런 말을 했다.

'욕은 세 사람에게 상처를 준다.'

'욕을 먹는 사람. 욕을 하는 사람. 그러나 가장 심하게 상처를 입는 자는 그 사람 자신이다.'라고.

지난 사순절에 있었던 일인데 아직까지 가슴 안에 대못으로 박혀있다면 '과연 나는 신앙인인가? 나이 한 살이라도 더 먹은 자의 바람직한 처신인가?' 그러면서 내가 나에게 탄식하듯 내뱉었다.

적절치 못한 내 언사言辭에 대한 질책이다.

"너도 똑같다. 에끼 몹쓸 것."

인숙이, 내 친구

생김새는 천생 야들야들한 여자다. 한때 은막을 주름잡았던 왕년의 인기 배우 김00를 닮았다고들 한다. 그러나 외모만 보고서 판단하면 큰 오산이다. 통은 장통이요, 입에 달고 사는 원색적原色的인 언사는 그녀 입에서 튕겨 나오면 곧장 걸쭉한 입담으로 변한다. 마치 한여름에 먹은 빙수처럼 시원하고 톡 쏘는 맛 또한 삭은 홍어 맛이다. 그뿐이랴. 남자도 아닌 것이 하는 짓이 대장부 행세다. 어쩔 수 없는 치마 두른 여장부다. 모든 일에 거칠 것이 없다. 한번 '이것이다' 싶으면 지딱지딱 행동에 돌입한다. 뒷말이 없는 것 또한 그녀의 장점이다.

그녀가 하는 일은 '유진정'이란 상호를 내걸고 수십 년 간 청둥

오리 한 품목만으로 발명 특허까지 꿰차고 1,2,3호점까지 내며 이 지방의 맛집으로 소문이 자자하다. 그녀만의 독특한 비법으로 미식가들을 사로잡는다는 입소문이 알려져, 남도 쪽을 여행하는 사람들은 한번쯤은 들르고 싶어한다는 이 지방의 명소가 된 지 이미 오래다. 이쯤 되면 상당한 재력가로 곳간의 창고가 당연히 차고 넘칠 법하다. 그러나 벌어들인 만큼 나눔 또한 각별하여 얽히고설킨 인간사 희노애락을 마치 오리 몰고 가듯 모두들 껴안고 함께 가는 그녀이기에 소문과는 좀 다를 것이다.

생각해보면 세상을 살아가는 방법 또한 천차만별이다. 그중에 손끝에 물 한 방울 묻히지 않고도 호의호식하며 자기중심적으로 잘도 사는 사람이 있는가 하면, 이 친구처럼 온몸으로 부딪치며 손발이 닳도록 노력하여 얻은 피나는 대가를 혼자서 움켜쥐지 않고 이 곳 저 곳 두루 살펴가며 함께하는 사람도 있다. 이 친구를 생각하면 잊을 수 없는 묵계의 일화 한 토막이 떠올라 순간 눈시울을 젖게 한다.

어느 해 봄날, 나는 연거푸 두 번이나 수술대 위에 누워야 할 불운을 겪었다. 그때 그 친구의 표정과 그가 다독이던 그 말을 잊을 수가 없다. "또 수술이라니, 이번에는 또 어디를……." 묻는 말에 대답을 못하고 눈만 껌벅거리고 있는 내게 말을 해보라고 다그쳤다. 나는 할 수 없이 옆에 놓여 있는 메모장에 서면으로 대답했다. 말문이 막힌 듯 물끄러미 쳐다보다 그녀가 젖은 목소리로 "친구야, 우리 십 년만 더 함께 살자. 너, 이러면 안 돼……." 어룽진 얼굴을 보이지 않으려는 듯 돌아 서 있던 그녀가 가져온 꾸러미를 펴면서 갑자기 원래의 목소리로 돌아갔다. "무엇이든지 닥치는 대로 먹고 어서 일어나, 덩치는 산만 한 X이 이게 무슨 꼴이여." 말은 그렇게 하면서 힘없이 돌아서던 그녀의 뒷모습과 그가 남기고 간 말들이 긴 여운으로 남아 가슴 한 켠에 이렇듯 자리잡고 있다.

그녀가 눈썹을 휘날리며 억척스레 살아온 삶을 넌지시 들여다보면 때로는 가닥가닥이 눈물이요, 아픔이며, 한이요, 알 수 없는 설움이 배어있다. 오늘이 있기까지 어느 누구의 도움 없이 멀고도 험한 자갈밭 길을 걸어온 그녀. '눈물 젖은 빵을 먹어본 사람이 아니면 인생의 참맛을 모른다 했던가.'

명색이 사장이라는 자가, 늦겨울 진눈개비 속을 파헤치며 식재료로 쓸 쑥, 냉이를 손수 캐는 여자. 거의 매일 마주치는 통행료 징수원에게 하다못해 마른 누룽지라도 한 아름 건네주고 지나가는 여자, 이따금 독거노인들을 모셔와 따끈한 오리탕에 사랑을 나누는 여자. 어버이 날이면 생김치를 담아 어르신들을 모시고 오는 손님들에게 한 통씩 손에 들려 보내는 여자. 오갈 데 없는 결손 가정 아이를 아무도 모르게 돌보는 여자. 그다지 신심은 없어도 신자로서 최선을 다하는 여자. 살아 보겠다고 발버둥치는 지인에게 조건 없이 장사 밑천을 대어주는 여자. 그 누가 이름하여 그녀를 "아낌없이 주는 나무"라 일컬었는가.

그녀와 나는 꿈 많던 여고 시절을 함께 보낸 사이이다. 졸업 후 뿔뿔이 흩어져 우리는 서로를 잊고 살았다. 세월이 한참 흐른 후 총동문회를 거치면서 기수별로 다시 만나게 되었고 다시 여고 시절로 되돌아간 듯 틈만 나면 만나서 호호거렸다. 그녀는 동문들을 끔찍이 아꼈고 물심양면으로 지원을 아끼지 않았다. 어느 날 총동문 회장이 내게 뜻밖의 주문을 했다. 그녀에게 동문회의 이름으로 감사패를 증정할 예정인데 그 패에 새길 글을 친구인 내게 부탁한다는 것이다. 어려운 주문도 아니고 해서 흔쾌히 써 주었다. 그 후 그녀는 그 감사패를 받아 거실 장식장에 놓아두었는데 마침, 이태리 유학을 마치고 돌아온 딸의 눈에 띄었던 모양이다. 작곡을 전공한 딸은 순간 그 글에 곡을 붙이고 싶다는 전화가 걸려 왔다. 노랫말이 될 수 있도록 조금만 수정해주면 좋겠다고 해서 다시 손질해 보냈다. 그렇게 해서 '그대 이름은'이라는 시가 우리 가곡으로 만들어져 음반으로 재탄생하게 되었다.

그대 이름은

죽향골 들녘 그 넓은 들판

비바람 몰아치는 세월을 딛고

장승으로 서 있는 그대 이름은 인동초

허허로운 들판 누비고 또 누벼
냉이, 쑥, 불미나리 캐는 사연을
이마에 땀은 알고 지나는 바람도 알리
활처럼 휘어진 육신을 끌고
손발 내두르며 종종거리며
높은 그 문지방 넘나들기 몇 해던가.

반백의 머리 쑥대가 되었네
서산에 걸려있는 붉은 저 해도
차마 지지 못하고 가이 없다 웃고 있네.

누구보다도 치열한 삶을 살아온 내 친구를 위해 쓴 〈그대 이름은〉을 다시 한 번 음미하며 사랑과 우정의 헌사를 노래한다.

그날 우리는

질척이는 밤길이다. 하늘엔 별빛조차 흔적 없다. 초여름인데도 왜 이리 온 몸이 오싹 찬 기운이 돌까. 시내를 벗어난 화순행 버스는 인적이 드문 길을 달리고 있다. 버스 안에는 늙수그레한 운전기사 뿐, 손님은 달랑 나 혼자다.

"밤이 이슥한데 무슨 일로……."

"꼭 가 봐야 할 데가 있어서요."

불안한 마음을 가누려고 시답잖은 말을 주고받지만 덜커덩거리는 버스 안은 다시 침묵이 흐른다. 덜컥 겁이 난다. 시방, 나는 어디를 향하여 가고 있는가. 세상이 이렇듯 어수선한데 대저 누가 부르기에 가슴을 웅크리며 캄캄한 밤길을 기사와 나, 단

둘이서 이 외딴길을 달리고 있는 것인가. 순간, 모골이 송연해졌다.

외곽을 한참 지나 목적지에 거의 다다랐다. 용케 버스에서 내렸다. 저만치서 헤드라이트 불빛이 깜박거린다. 신호음이 한번 울리더니 "거기 뉘시오, 혹시 00 아니니?" 그녀다. 반가운 나머지 그만 울 뻔했다. 자동차가 서서히 다가왔다. 어둑한 차 안으로 들어서는데 웬 낯모른 젊은이가 운전석에 앉아있다. 그는 고개를 돌려 웃으면서 목례를 한다. 피로에 지친 그녀의 얼굴에는 뎅그런 눈빛만이 반딧불처럼 번뜩거린다. 그리고 말 대신 내 손을 잡아 이끈다. '많이 힘들었구나. 못 말릴 사람, 툭 치면 금방 바스러질 것 같은 저 몸으로 얼마나 종종거렸으면 저리 진이 다 빠졌을꼬…….' 그녀 옆모습을 훔쳐보는 나는 찡한 연민으로 가슴이 출렁거린다.

자영업을 하고 있는 그녀와 나는 막역지우莫逆之友다. 그래서 서로 스스럼이 없다. 그 전날 밤 통화중에 세월호 이야기를 나누면서 우리도 한번 가봐야지 않겠느냐는 말이 나와 내일 당장 가자고 결론을 내렸던 터다.

그녀의 말을 빌리자면, 운전을 하고 있는 저 건장한 젊은이는 자기 집을 드나드는 손님이며 광고대행업자란다. 주문한 간판을 배달하러 왔다가 말끝에 이런 저런 일로 지금 바로 친구가 오는 대로 진도로 출발해야 하는데 초행길이어서 여자 둘이서 어떻게 가야할지 막막하다 하였더니 대뜸 "제가 동행할게요." 하더란다. 갑자기 구세주를 만난 듯 절로 힘이 난 그녀. 싣고 갈 김치박스를 가리키니 성큼성큼 걸어가 단숨에 자기 자동차에 옮겨놓고 시동을 거는 젊은이.

우리는 셋이서 영업을 마무리한 늦은 시각에 세상을 온통 혼돈과 슬픔으로 덮어버린 세월호 침몰 사건이 일어난 현장으로 출발했다. 행여 졸음운전이 염려스러워 세상 돌아가는 이야기를 계속 나누며 두 시간 남짓 달려 유족들이 대기하고 있는 진도 실내 체육관에 무사히 도착했다. 사방에 켜져 있는 천막 안의 불빛이 대낮처럼 밝다. 가져온 물품을 접수하는 동안, 유족들이 대기하고 있는 실내로 발길을 옮겼다. '이럴 수가!' 도대체 여기가 산 자들의 이승인지 죽은 자의 저승인지, 아무래도 살아 숨 쉬는 자들의 모습이 아니다. 내 자식을, 내 피붙이를 차디찬 바닷물 속에 두고 넋 나간 얼굴로 앉아있는 사람, 사람들. 가슴 한쪽을 도려낸 듯 아팠다. 복 받치는 슬픔을 어떻게 추스릴 수 없었다. 그들 앞에 다가가 무조건 고개를 숙이고 또 숙였다. 유독 눈에 띈 중장년의 어머니. 그분에게서 삼십 년 전 불의의 사고로 생떼 같던 자식을 잃고 정신줄을 놓아버렸던 내 어머니의 모습을 보았다. 머리는 산발하고 가슴을 풀어헤친 채 망연자실 앉아있는 그분 곁으로 다가가 손을 꼬옥 잡았다.

"어쩌면 좋아, 하나밖에 없는 내 새끼, 나는 앞으로 어떻게 살아야 하느냐?"며 피울음을 삼키다 내게 그만 몸을 부려 버렸다. 단장을 에이는 흐느낌과, 벌떡벌떡 심장 뛰는 소리……. '이 절규를, 이 아픔을, 과연 우왕좌왕하고 있는 정부와 책임 떠넘기기에 급급한 고위 관료와 그 책임자들은 듣고 있는지. 충분히 살릴 수 있는 시간들을 어쩌다가 놓쳤을까, 분노로 치닫는 이 현실 앞에 무슨 말이 필요한가. 지금 이 땅에 자식 잃은 부모들의 울음소리가 그치지 않고 있다. 어떻게 하면 이들의 눈물을 닦을 수 있을까. 무엇으로 이 아픔을 보상할 수 있을까. 저 애달픈 모정 앞에 무슨 위로가 필요하단 말인가. 그러나 이미 죽은 자를 되살릴 수 있는 것은 인간의 영역이 아니다. 그러나 산 자는 우리가 살게 할 수 있다. 그들을 위해서 앞으로 무엇을 해야 할까. 남은 자의 옆에 지켜 서서 함께 가야 하는데…'

유족보다도 봉사자들과 방문객들이 훨씬 더 많은 사고 현장, 각 단체에서 아니, 개인 개인이 싣고 온 산더미처럼 쌓인 구호품들, 모두들 자기 일인냥 함께 울고 함께 슬퍼할 줄 아는 선량한 이 나라 국민들이 있기에 아직은 살 만한 세상임을 새삼 깨달으며 곳곳에 물결처럼 출렁이는 노란 리본을 쓰다듬다 발길을 되돌려야 했다. 돌아오는 길은 서로가 말이 없다. 아니 입을 열어 차마 무슨 말을 할 수가 없었다.

집에 되돌아온 시각은 자정이 훨씬 지났다. 뒤척이며 잠 못 이루는 밤이었다. 그러나 하루 만에 그 많은 김치를 담근 이 땅의 어머니, 내 자랑스런 친구와, 기꺼이 우리와 함께 동행해 준 그 듬직한 젊은이에게서 우리의 미래를 보았고 희망의 싹을 보았다면 각박하고 풍진 세상, 그나마 이 얼마나 값진 보상이며 크나큰 위안인가.

종부宗婦

종부는 온데간데없었다. 대신 십여 년간 끌어안고 의지했던 주인 잃은 휠체어가 마당 어귀에서 아침 햇살에 가물가물 졸고 있었다.

나는 종부께서 자리잡고 계신다는 뒷골에 소주 한 병 챙겨 들고 조카 뒤를 말없이 따른다. 육신 성하던 젊은 날, 당신 발이 닳도록 다녔을 이 길. 집안일에 밭일에 이골이 난 육신을 끌고 절쑥절쑥, 뒤뚱거리며 오르내렸을 비탈진 이 길을 오늘은 당신 대신 손아래 사촌동서가 늦게나마 만나러 가고 있는 것이다.

선영을 모신 소나무 무성한 둔덕에 다다르니 봉분도 없이 까만 대리석에 새겨진 000의 묘…, 단출하게 쓰여진 묘비명을 묵연히 바라다본다. 허무로다. 술 한 잔 따라 올리고 큰절로 예를 갖추는데 주체 못할 설움이 목울대를 적신다.

그 이름도 당당한 광산 김씨 국반의 후손이라도 기실, 별 볼 일도 없더니만 헛기침에 팔자걸음, 괜한 목에 힘을 주며 그 알량한 체통이 밥 먹여 주던 집안. 사사건건 말도 많고 흉도 많은 이 집안의 맏며느리였던 당신. 그 까칠한 가풍을 익히느라 혹독한 시련 속에 앵한 가슴 움켜쥐고 살았을 한 많은 종부의 세월, 세월. 언뜻언뜻 지켜봤던 지난날들이 한 자 남짓 까만 대리석 주검 위로 너울너울 춤을 춘다.

기제사나 대 명절이 돌아오면 본가를 중심으로 분가한 윗집 아랫집 새집을 비롯하여 자자일촌 가솔들은 물론 더부살이하는 각 집의 꼴머슴 진머슴들의 도시락 통까지 들고 와 한바탕 진을 치던 그 시절. 서너 개의 소쿠리에 씻어놓은 밥쌀을 보고 새댁이었던 나는 한숨이 절로 나더란다. 그러나 눈 하나 깜작 않고 장작불을 이루고 대형 가마솥에 국, 밥을 지어대던 당신. 그래도 이런 일들이 당연한 줄 알고 군소리가 없었고 정 힘들면 두런두런 혼잣말로 두런거리다 말던 당신. 하늘이 내려준 종부의 미덕일까. 타고난 천성이 모질지 못함인가, 아니면 도무지 남의 말을 타지 않음인가 한쪽 귀로 듣고 한쪽 귀로 바로 흘리고 마는 성격이라 살아냈을까? 웃어른들 눈치 살피며 그 복잡한 틈새에도 박하분 토닥거려 바르고 연지 찍고 입술 빨갛게 칠하고 눈썹까지 그리고서 얇은 미소를 흘리며 흠흠흠 콧바람을 날리며 나타나던 간이 큰 당신이 오늘따라 그립기만 하다.

무쇠도 녹여낼 듯 한시 반시 쉴 틈 없이 그 자그마한 몸뚱이를 혹사시킨 댓가였을까? 그리도 씩씩했던 종부가 어느 날 양쪽 무릎 절개 수술을 받더니만 그 후유증으로 끝내 일어서지 못하고 말았다. 병석에 앓아누운 지 십여 년. 그리도 마실 다니기 좋아하시던 분이 어느 날 갑자기 구들장을 짊어지고 사는 신세라 그 절망스러움을 어찌 누가 헤아릴 수 있으리. 그래도 생의 끈을 놓지 않으려고 아침이면 예전처럼 곱게 분단장 하시고 휠체어를 밀고 당산나무 길을 누비던 분이 아니시든가. 아무리 자동차가 뒤에서 빵빵거려도 비킬 줄도 모르고 유유자적 휠체어 바퀴만 열심히 돌린다며 다들 눈살을 찌푸려도 아는지 모르는지 무사태평이요, 막바지에 이르니 분별력이 없어지면서 사방팔방에 먹거리를 쑤셔 넣는 통에 힘이 들었다고 한다.

시가에 들리면 우선 형님 먼저 뵈려 큰댁부터 들렀다. 삭둑삭둑 제멋대로 잘려나간 숏컷트 머리칼은 파뿌리 되어 흩날리고 굽어지지 않는 두 다리를 쭉 편 채 초점 잃은 눈으로 멍하니 앉아있는 종부의 모습. 젊은 날 그 힘든 환경 속에서도 몸단장만큼은 그 누구도 흉낼 수 없는 당신만의 성역이 아니던가. 와락 껴안으며 얼굴을 부볐더니 비로소 알아보고 "오매, 자네 왔는가!"하며 실쩍이 웃는 선하디선하던 얼굴. 어느 추운 겨울날

털목도리를 준비해 가 목에 걸어주었더니 아기처럼 좋아하시던 그 얼굴이 생시인 듯 훤하다. 애닯은 종부의 삶을 한참을 뒤돌아보다 하산을 서두른다.

"형님, 그동안 수고 많으셨수, 다음 생애에는 종부로 환생하지 마시고 그냥 저 같은 며느리로 오셔요."

황토와 마사토가 흩어진 대리석 묘비 사이로 개미들의 행렬이 한창이다. 마지막 예를 올리고 솔잎 울울한 하늘을 우러른다. 산기슭 어디선가 쑥국쑥국 쑥국새 우는 소리 처량도 하다.

쪽파 이야기

'허허, 이것들을 다 우짤꼬….'

'휴우!-' 나도 모르게 한숨이 절로 났다. 노오란 플라스틱 대형 박스에 차고차곡 쟁여진 반듯하고 곧은 쪽파들이 금방이라도 살아날 듯 푸르싱싱하다. 도무지 감당 못할 쪽파를 한가득 내려놓으면서 씨익 웃고 있는 사내의 발그레한 얼굴이 하도나 해맑아서 목이 메인다.

"오늘 아츰에 뽀바서 싱신해. 누나, 만나게 먹어."

어둔하기 짝이 없는 말투로 인사를 건네더니 곧장 떠나려는 태세다. 나는 자동차를 가로막고 그와 한참을 실랑이를 했다.

"너를 위해 누나가 따끈한 점심을 준비했으니 내 성의를 봐서라도 맛있게 먹고 그때처럼 밑반찬도 가지고 가야 하지 않겠냐."

손짓 발짓 다 동원해가며 애원하듯 하였으나 그는 애먼 머리만 긁적거리다 한사코 손사래를 치며 부릉부릉 사라져버렸다.

그는 회천면 바닷가 근방에서 밭농사를 지으며 혼자서 외롭게 살아가는 가족 같은 내 지인의 아픈 손가락이다. 그는 애초부터 듣지를 못했다고 한다. 그래서 눈과 입이 바로 그의 귀이다. 상대방을 빤히 쳐다보고 그 입놀림으로 대강 소통을 하며 사는 처지다. 듣지를 못하니 전달이 잘 안 되고 입을 열 기회가 적으니 자연 반벙어리가 되어버린 착하디착한 아기어른 준수. 그도 한때는 한 집안의 가장으로 사지 육신 멀쩡한 마누라와 아들 딸 낳고 다복다복 살았던 꿈같은 날들이 있었다. 그러나 그 행복도 잠시 잠깐이었다. 그의 아내는 가난이 싫어서 스스로 선택한 삶이었다. 이제 그녀는 먹고 사는데 어려움이 없으니 자연 한눈을 팔기 시작하였다. 직접 자동차를 굴리며 돈벌이를 핑계 삼아 날마다 어디론가 쏘다녔다. 눈치로 살아가는 지아비는 아내의 수상쩍은 행실에 그만 돈지갑을 닫아 버렸다. 앙탈을 부리던 아내는 결국 집을 뛰쳐나갔다. 이제나 저제나 하고 기다렸으나 건들바람이 난 아내는 끝내 돌아오지 않았고 아이들 또한 객지로 배돌며 뿔뿔이 흩어진 지 오래다. 가족에게 버림받고 홀로 서성이던 세월이 그 얼마던가 칠흑 같은 밤바다를 서성이며 짐승처럼 울부짖던 긴긴 날들. 내가 이렇게 태어나고 싶어서 태어났느냐며 땅을 치며 통곡했을 그. 그러나 세월이 약이라 했던가. 그는 서서히 홀로서기를 했다. 뼈대 있는 집안의 자손답게 비록 든지는 못하나 입성이나 행실만큼은 그 누구 못지않게 깔끔하고 반듯했다. 오늘의 이 파 사건도 나름의 감사의 표시일 터다. 언젠가 제 누나를 따라 내 집을 들린 적이 있었다. 그를 위해 정성을 들여 다독거려 보냈더니 어느 날 쪽파 세 단을 관리실에 맡겨놓고 슬그머니 가버렸다. 어찌나 짠하던지 문자로 구구절절 "네가 손수 농사지은 파를 맛있게 먹겠노라. 언제 또 광주에 올라올 일이 있으면 파라도 조금 들고 꼭 들려라." 하였더니 신바람이 났고 오늘 이렇듯 감당 못할 마음의 선물을 나름대로 준비한 모양이다.

생각해보면 어찌 준수 같은 이들이 한둘 뿐이랴. 선천성이나 후천성 장애자들이 모여 사는 '엠마우스나, 사랑의 집' 식구들을 돌보다 보면 하나같이 천사들이다. 다섯 살의 지능으로 살아가는 삼십대 후반의 아기청년 OOO. 일 년 열두 달 누워서만 사는 OOO. 이들에게 사랑의 손길로 어루만지면 부끄러워 온 몸을 비비 꼬면서 고마워하는 표정, 표정들. 신은 왜 선하고 정직한 이들에게 이런 시련을 주신 것일까. 이렇게 살아야 하는 기막힌 현실이 그들의 선택이 아니라는 사실을 당신이 알고 있지 않느냐며 따지고 싶을 때가 있다.

나는 지금 쪽파를 섬처럼 쌓아 놓고 뿌리를 떼고 시든 잎들을 다듬는다. 부끄러워 달아나던 이순이 훌쩍 넘은 아기어른 천사를 생각하면서 "들리지 않는 것은 사람들과의 단절이기에 그 고통이 큽니다."라고 했던 헬렌 켈러의 말을 음미해본다.

반듯하고 곧은 쪽파, 그 푸르름이 착하고 정직한 그를 닮았다.

4부

할미꽃 연가

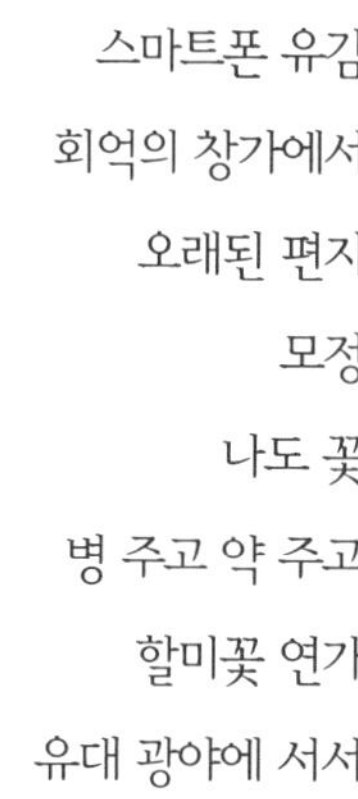

스마트폰 유감

첨단 과학이 전자 혁명을 불러오면서 인터넷 시대가 열렸다. 그리고 스마트폰이 등장하면서 사람들은 기꺼이 휴대폰의 노예가 돼 버렸다. 제대로 말도 못한 꼬마둥이 아이부터 백발이 성성한 할머니 할아버지들까지 입 꾹 다물고 그것만 밀고 두드리며 산다. 시내버스나 전철 안의 풍경 또한 마찬가지다. 앉은 사람은 앉은 대로 선 사람은 선채로 옆에서 난리가 나도 안중에도 없다. 신문을 뒤적거린 사람도 책을 보는 사람도 흰 쌀에 뉘다. 이 손바닥 만한 물체 하나가 지구촌 사람들의 넋을 빼버린 듯하다. 애니팡 게임으로 날새 줄을 모르고, 카톡이란 것이 쉴 새 없이 빼꾸기 신호음으로 '카톡카톡'을 외친다. 끼리끼리 낄낄거리고 약속 잡고 만나고 헤어지는 세상 속에 외계인인 듯 눈만 끔벅끔벅 거리는 나 같은 방외자도 함께 공존한다.

나는 이 기이한 물건 때문에 홍역을 치른 사람이다. 소문난 기계치에다 모르면 배우려고 관심을 가져야 할 텐데 아예 모르쇠이다. 남들이 컴퓨터로 원고를 쓸 때도 쳐다보지도 않다가 뒤늦게야 컴퓨터에 앉았듯이 스마트폰도 이제야 할 수 없이 손에 넣었다. 더듬거리며 익히다보니 웬걸 딴 세상이 거기 있었다. '늦게 배운 도둑이 날 샌 줄을 모른다.'고 했던가. 신기해서 아이처럼 어디든 한 번씩 쿡쿡 눌러도 보고 어디서 듣도 보도 못한 정보를 입수하고 문자도 날리면서 한창 신바람이 났다. 사건의 발단은 거기에 있었다. 기기를 다룰 줄 잘 모르면 하나하나 익히면서 다음 단계로 넘어가야 하는데 무조건 이곳저곳을 건드려 놓고 뒤처리를 못한 결과였다.

그날 마침 중요한 회합이 있어서 스마트폰을 일단 껐다. 그리고 다시 켜야 한다는 것을 깜박했다. 해가 질 무렵 함께 간 친구 폰으로 나를 찾는 남편의 전화가 걸려 왔다. 바꿨더니 느닷없는 고함소리가 하늘을 찔렀다.

"어디야?"

"버스 안인데 무슨…."

"어디쯤 오는 거야, 핸드폰 갖고 택시로 갈아타고 빨리 와."

코를 씩씩 불며 숨소리가 거친 것으로 봐서 큰 사단이 일어난 것이 분명한터. 한달음에 달려갔더니 그는 벌써 아파트 입구에서 양손을 허리에 지르고 매처럼 나를 째려보고 있었다.

그리고 손에 든 내 핸드폰을 나꿔채듯 뺏어가면서 "아무튼 갔다 와서 봐." 쇳소리를 내며 그 길로 어디론가 사라졌다.

몇 시간 후 그가 돌아왔다. 아직도 분을 못 삭인 듯 또다시 시작이었다. 가만히 듣고 보니 스마트폰 요금 고지서가 나왔는데 기십만 원도 아니고 상상할 수도 없는 금액이 나왔단다. 통신회사에 확인을 한 과정에서 담당 직원과 옥신각신 하다가 크게 속이 상한 모양이다. 아무리 그렇기로서니 이럴 수는 없는 일. 상대방 입장 같은 것은 생각 않고 저리도 널뛰듯 하다니 이제는 내 편에서 참을 수가 없었다. 기어코 맞장을 떴다.

"아무리 잘못했기로서니 해도 너무하셔, 내가 이 집에서 산 세월이 얼만데 그깟 돈 값어치도 안 돼, 안 돼! 파출부로 살았어도 이런 대접은 안 받았겠다." 독이 오르니 말도 술술 잘 나왔다. 갑자기 상대가 강하게 나오니 주춤해진 그. 의외로 조용해졌다. 그리고 어이가 없다는 듯 빤히 쳐다보다가 "뭐라고 당신 말 다 했어?" 하더니 자기 스마트폰을 꺼내 어딘가를 눌렀다. 남편과 담당 직원의 피 터지는 혈전이 쏟아졌다.

그동안 사용한 데이터 요금을 팩스로 보내라 마라, 두 노인네가 사는데 이 요금이 웬말이냐, 분명 기계를 잘못 다뤄서일 것이다. 그것은 당신네 사정이다. 설전을 벌이다가 그 직원이 결정적인 치명타를 날렸다.

"모르면 잠자코나 있을 일이지 무슨 노인네가 이리도 말이 많아, 끊어요."

"지금 당신이 한 말에 책임을 지겠느냐?" 하니 코웃음을 치며 "내가 왜?" 등 이 모든 말들을 고스란히 녹음을 시켜 놓았다. 그런데 그 친구가 내뱉는 말솜씨가 내가 들어 봐도 여간 불쾌한 것이 아니었다. 디지털 세대답게 용건만 간단이다. 그리고 카톡을 하듯 단답형으로 끝말을 생략하는 언사다. 돌같이 차고 매정도 하다. 이 또한 전자매체의 번성에 따른 신세대들의 언어 구사력이란 말인가. 씁쓸했다. 그리고 가슴에 돌개바람이 일었다. 왜 이리도 삭막한가.

소셜네트워크란 것은 나에게는 너무 낯선 세계다. 하지만, 신세대들에게는 눈을 반짝반짝 하게 하는 엄청난 공간인 것을 부인할 수 없는 현실인 것 같다. 스마트폰은 그들의 손에서 한시반시도 떨어질 수 없는 필수품이다. 얼마나 빠르고 간단하고 요긴한 물건인가. 이것 하나면 만사형통, 안될 것이 없다. 걸어 다니는 백과사전이다. 그러나 나는 구식쟁이여서 우선 머리가 굼뜨고 손과 눈이 무뎌 마음과 같이 되지 않음을 어쩌리.

남편은 다시 한 번 정리한다. 왜 모르면 물어나 보지 아무데나 꾹꾹 눌러 몇 날 며칠 인터넷 사이트가 켜진 상태로 그냥 놔뒀느냐, 그래서 이렇듯 폭탄 요금을 맞았고 그 새파랗게 젊은 담당 직원에게 이런 수모와 모욕을 당했다. 핸드폰은 꺼져있고 백방으로 수소문해도 찾을 길은 없고 내가 화가 안 나게 생겼느냐며 조근거렸다. 듣고 보니 할 말이 없었다. 평생을 엔지니어로 살았고 지금도 현역으로 뛰는 이 분야에 전문가인 남편에게 치명적인 언사로 대들며 극노인 취급을 당한 분풀이를, 원인을 제공한 내게 퍼부어댈 만도 했다.

나에게 스마트폰은 괴물 같은 것이었다. 이 거대한 괴물과의 놀이는 결코 공짜가 아니었다. 이번 일로 무조건 모른다며 외면해버린다거나 대강 건성으로 무슨 일을 행하다 보면 이같이 혹독한 대가를 치른다는 교훈을 내게 남긴 크나큰 사건이었다.

머지않아 인간을 복제하고 우성 인자를 뽑아서 천재 인간을 생산할 수 있다는 첨단 과학, 우리는 지금 어디를 향해 가고 있는가. 모 교수의 말처럼 '우리는 과연 지금, 이성과 사유와 문화의 퇴폐에 대해 아쉬워하며 복고復古를 열망해 본 적이 있는가?' 자신에게 묻고 싶다.

기술 발달이 가속화되면서 영상과 전자 매체의 범람 속에 갈수록 위축되고 소외되는 문자 문화. 아날로그 세대인 사람들은 그 옛날이 그리울 뿐이다. 그때는 인터넷이 없어도 스마트폰이 없어도 아무런 불편 없이 살았다.

창호에 달빛이 은은한 밤. 예쁜 편지 종이에 마음을 담아 사각사각 펜촉을 굴리던 그 사유의 시간들이 얼마나 향기롭고 달콤하던가. 이불을 뒤집어쓰고 줄 달린 전화기로 소곤거리던 친구와의 진지한 대화나 잡담 또한 얼마나 포근하던가. 이제는 이 모든 문화들이 전자 매체에 밀려 빛을 잃어가고 세상은 온통 스마트폰의 노예가 되어 누구든 그 속에서 자신만의 성을 쌓아가며 살아간다. 빠르고 간단하고 편리한 것도 좋지만 과연 좋기만 한가.

'아, 옛날이여!'

회억의 창가에서

참 많이도 달려왔습니다.

긴긴날 사방팔방을 두리번거리면서 쉬지 않고 달려온 이 길.

잠시 숨을 고르며 지나간 시간들을 되짚어 봅니다.

너무 허망한 세월입니다. 아무리 고개를 절레절레 흔들어 봐도 언제 흘러갔는지 모를 한없이 아쉽고 아쉬운 시간들입니다.

청춘의 시간들을 켜켜이 축적하며 이어져 온 길. 그 길 위에 백발의 한 여인이 서 있습니다. 푸석한 얼굴에 축 처진 눈꺼풀, 힘없이 나풀거리는 머리카락들, 엉거주춤 서 있는 낯선 저 여인은 누구입니까?

지그시 눈을 감고 세월을 사오십 년 전으로 되돌려 봅니다.

단발머리 소녀가 추억 속에 걸려 있습니다. 청보리 빛깔입니다.

싱그럽고 발랄했던 그때 그 시절, 내 가슴에 서서히 불어오는 알 수 없는 바람으로 하여 속절없이 센티멘털했던 애틋한 모습입니다. 또 다른 한 컷에는 긴 머리를 쓸어 올리며 자아의 세계에 빠져든 사색思索의 얼굴이 보이는가 하면, 애들 키우랴 살림하랴 눈 코 뜰 사이 없이 바쁜 일상에 빠져 바깥세상 같은 것은 거들떠보지도 않았던 지난날의 모습이 어른거려 그만 콧날이 시큰해집니다.

대개 여자의 생이 그러하듯이 생활 속으로 침잠하여 정신없이 살다가 집안 대소사가 어느 정도 정리가 될 즈음에야 비로소 '나는 누구인가?' 라는 근본적인 물음에 몰입하는가 싶습니다. 사실 그때까지는 나라는 개체는 없었습니다. 누구의 아내이고 누구의 며느리이며 누구의 엄마로 보낸 세월이었습니다. 그 어디에도 독립된 나는 없었습니다.

사십대 중반이 되면서 자아의 축이 흔들렸습니다. 그동안 까맣게 잊고 살았던 낡은 영상들이 되살아나면서 알에서 병아리가 깨어나듯 내 자신도 부화하기 시작했습니다. 틈틈이 먹을 갈고 화선지를 누비며 서체를 익혔고, 늦깎이로 문단에 이름을 내걸기도 했습니다. 마치 걸음마를 끝낸 아이가 거침없이 내달리는 것처럼 여기저기 내 발자국을 남기며 뛰어다녔습니다. 말하자면 나의 빛나는 청춘은 사십대였습니다. 그때가 바로 내 인생의 전환점이었으며 활활 타오르는 불꽃이었습니다. 숨죽이며 살았던 지난 세월을 보상이라도 받으려는 듯 문화센터로 서점가로, 매주 목요일은 배낭을 짊어지고 산행을 즐기면서 유유자적 여유를 누렸던 오랜만의 호사였습니다. 그러나 네 아이의 엄마라는 자리는 또 다른 임무가 기다리고 있었습니다. 직장에 나가는 딸 대신 육아를 책임져야 하고 이 집 저 집에서 SOS를 보내오면 득달같이 달려가 해결사 노릇을 해야 하는 일에 또 나를 몇 년간 묶어 놓았습니다.

오십대 후반에 이르러서 또 한 번 내 인생의 축이 가벼운 진동을 일으키며 흔들렸습니다.

어느 날 남편은 나를 불러놓고 비장한 목소리로 훈계하듯 다그쳤습니다. 그동안 자식들과 형제들에게 할 만큼 했고, 이웃 돌보는 오지랖 역시 그만하면 충분했으니 이제 손 떼라는 것이었습니다. 노년으로 접어든 나이에 몸 절단나면 누굴 원망할거냐며 겁을 줍니다. 앞으로 음식물 보내는 택배 상자가 보이거나, 냄비 들고 이 집 저 집 종종거리는 것이 내 눈에 띄면 가차없이 집을 나가겠다고 으름장까지 놨습니다. 제발 나 아니면 안 된다는 그 주책없는 객기를 버리라는 것입니다. 일리가 있는 말이지만 이미 몸에 배어버린 삶의 방식이 그리 쉽게 바뀌어질 수 없다는 것을 모르는 남편이 답답하면서도 한편으로 고마울 따

름입니다.

하지만 택배 상자를 남편 눈에 띄지 않게 하려면 내가 몇 배로 더 힘이 들어야 하기 때문에 가출하겠다는 그 엄포를 계속 들으면서도 나는 멈추지 않을 것 같습니다. 마치 곡예를 하듯 이쪽 저쪽을 넘나들며 요령껏 사는 것도 진득한 삶의 맛이 아닐까 싶습니다.

지금 나는 망가진 육신을 치료하기 위해 병원을 찾았습니다. 남편의 염려처럼 기어코 사단이 났습니다. 무릎 연골이 찢어지고 인대가 늘어나면서 관절에 물이 찼다고 합니다. 환자복으로 갈아입고 하얀 시트가 깔린 침대에 몸을 부렸습니다. 치료가 아닌, 조금 더 써보려고 땜질하러 온 것 같은 우스운 생각이 든 것은 무슨 연유에서일까요. 그러나 모처럼 한가롭고 차분하여 참 좋습니다. 환우들이 다들 허리 디스크에 무릎 관절로 수술대에 오른 힘든 삶에 찌들어진 얼굴을 한 노인들입니다. 기계도 오래 쓰면 고장이 나듯 사람도 몸 생각 않고 마구잡이로 부려먹으면 빨리 망가지기 마련이라는 것을 실물로 보여주는 현장인 것 같습니다. 아무리 생각해도 그분의 뜻은 참으로 오묘하십니다. 더 이상 촐싹대면 아예 주저앉힌다는 신호를 적절한 때에 보내신 것 같습니다.

누워서 지난 세월을 돌이켜보니 그래도 그리 억울한 삶을 살지는 않은 것 같다고 스스로를 위무합니다. 그동안 어찌 좋은 일만 있었겠습니까만 천성이 느슨하여 애면글면 애통터질 일 없고 좋은 것이 좋은 것 아니겠냐고 얼싸절싸, 타고난 두루뭉술한 기질 탓에 한바탕 잘 놀다 거의 종착역에 다다른 것 같습니다. 미당 선생의 시구 중 '마흔다섯 살은 귀신이 눈에 보이는 나이'라는 구절을 접한 지가 언제이었던가. 참으로 멀고도 긴 여정이었습니다. 시방 산에 있어도 무방할 나이에 무슨 미련이 있어 지금도 사방을 두리번거리는가. 생각해보면 해찰이 참 많은 사람입니다. 한두 가지에만 매달리는 스타일이 아니었으니까요. 반찬을 조물거리든지 봉사를 하든지 영화를 보든지 여행을 가든지 간에 자투리 시간까지 이용하면서 쉬지 않고 무엇인가를 기웃거리다 예까지 와 버렸습니다.

이제 정신없이 살았던 그 무대에서 내려올 때가 된 것 같습니다. 이쯤 되면 자신을 다듬고 갈무리할 때라는 것을 나는 알고 있습니다. 알맞게 숙성된 와인의 은은한 빛깔과 혀끝에 감도는 그윽한 향처럼 내 삶의 향기로 속 뜰을 알차게 채우고 다듬을 때입니다. 이제 그만 모든 것을 내려놓고 내면의 소리를 들으며 자신을 돌아볼 일입니다.

오래된 편지

눈이 내립니다. 하늘하늘 춤을 추듯 그렇게 내립니다. 이런 날은 거실 한쪽에 자리잡고 있는 벽난로 위에 하얀 김발을 날리며 설설 끓고 있는 물 주전자와 몇 알의 군고구마 익는 냄새로 집안이 물씬거려야 제격입니다. 소리 없이 내리는 눈은 추억의 날개를 달고 나의 사념의 언저리를 배회합니다. 창밖으로 하늘거리는 눈 사위를 바라보다 무심코 몇십 년 모아둔 편지 상자를 뒤적입니다. 눈에 익은 필체들이 풀풀 살아나면서 가슴이 동당거립니다. 그중에 유독 눈에 띈 편지 한 장. 사연은 이렇습니다.

구청에서 공익 근무를 하고 있는 막내 녀석의 다소 들뜬 목소리가 전파를 타고 들려옵니다.

"엄마, 아침 일찍부터 무 작업장에 소집되어 나갔다가 이제야 일이 끝났어. 그런데 수고했다며 무 한 자루씩 가지고 가라는데 어떻게 해?"

"가져와야지. 수야, 우리 무김치 담가 서울 셋째 누나 집에 보내자. 들락거리는 식구들이 많아서 툭하면 반찬이 거덜난다는데 누나 집에 봉사하자 우리."

한참 후, 막내는 무 자루를 어깨에 메고 나타났습니다. 현관에 부려 놓고 땀을 훔치며 씨익 웃는 모습이 싱싱하고 매끈한 저 무를 닮았습니다. 녀석이 대견하여 엉덩이를 토닥이는 엄마 얼굴도 보름달처럼 환해집니다.

우리는 서둘러 농산물 공판장으로 가서 얼갈이 배추며 갓 양파 마늘 파 등등을 사서 싣고 와 셋이서 열심히 다듬고 씻으면서 딸아이의 흉을 봅니다. 막내는 희한한 몸짓으로 제 누나 하던 짓을 흉내 내는데 어느 대목에서 박장대소, 하던 일을 멈추고 배꼽을 잡고 웃습니다.

대책 없이 일을 저지르고, 불리하다 싶으면 순간 싹싹 빌기도 곧잘 하던 아이. 제 동생이 동무와 쌈박질하고 울고 들어온다 치면 부르르 어디까지 쫓아가 막무가내 역성을 들던 아이. 이 철부지가 이제 어엿한 숙녀가 되어 서울이라는 낯선 도시에서 둥지를 틀었습니다. 사회의 한 일원으로서 무엇인가를 해보겠다는 나름 원대한 꿈을 안고 떠난 아이의 장도를 축하하며 어미는 먼발치에서 가슴을 조입니다.

한참 후, 우리는 사랑을 버무립니다. 아빠는 비닐봉지를 사다가 곱게 다듬고 택배 상자에 딸아이 직장 주소를 붓글씨로 정성을 다합니다. 녀석은 콧노래를 흥얼거리며 잔심부름을 열심히 합니다. 엄마는 부지런히 손을 놀리면서 말없이 가슴으로 기도합니다. '감사합니다. 당신이 주신 선물, 이렇게 최선을 다해 보살핍니다. 매사, 그 어벙한 성격 때문에 윗 상사에게 질책이나 당하고 있지나 않은지? 도무지 물가에 둔 아이 같아 조마조마 합니다. 누구하고나 금방 친해지고 해실거리며 싹싹한 그 성격 탓에 한편으로는 마음이 놓이기도 합니다. 그러고 보니 자식은 분명 애물입니다. 언제 어디로 튈지 몰라 항상 그 주위를 맴돌며 사랑 바라기를 합니다. 아무래도 부모라는 이름은 마르지 않는 사랑의 샘물인 것 같습니다. 퍼내고 또 퍼내도 도무지 마르지 않은 샘물처럼 주고 또 주어도 한없이 주고 싶은 그런 애물이니 말입니다. 저희 가족이 함께한 이 작은 정성이 직장 동료 여러분의 사랑 안에 머물기를 기원합니다.'

빛바랜 종이에 쓰여진 이 사연은 그 누구한테 받은 것도 아니고 십오육 년 전, 셋째 아이 직장으로 김치를 담가 보내면서 손수 이 어미가 쓴 편지 글이었습니다.

이 편지 속의 주인공은 벌써 세 아이의 엄마가 되었습니다. 도대체 건사를 어떻게 하려고 요즘 같은 세상에 아이를 세 명씩이

나 낳느냐며 제 언니들이 핀잔을 줘도

"생기면 더 낳지 뭐, 엄마 봐, 얼마나 좋아."하며 어깃장을 놓던 셋째. 아닌 게 아니라 한 살 두 살 터울의 고만고만한 녀석들이 와글와글. 바글바글 지지고 볶는 소리가 전파를 타고 천 리 밖까지 요란하게 들립니다. 걸핏하면 어깨가 부러져 깁스를 했다느니 넘어져서 이마를 몇 바늘 꿰맸다는 등…. 어느 하루 바람 잘 날이 없을 것 같은데, 볼멘소리 한번 없이 제 새끼 감싸 안은 재주 또한 비상합니다. 그런 셋째가 아무 말이 없어도 괜히 짠하고, 흔연스레 너스레를 떠는 것도 마음이 아픕니다. 도대체 이 아이 마음속 깊은 곳에 무엇이 굼실대고 있는지 알 길이 없어 이리 저리 툭툭 쳐봐도 빙긋이 웃을 뿐, 미동도 않습니다. 하기야 들어 불편한 말은 애초부터 혼자서 꿀꺽 삼키는 성격이라 바라보는 어미 마음은 더욱 애잔하기만 합니다. 그러나 저희끼리 넘어지고 깨지면서도 도담도담 잘도 자라고 집안에 웃음꽃이 담장을 넘는다니 마음이 조금은 놓입니다만 그래도 예나 지금이나 왠지 마음 조리기는 마찬가지입니다. 문득 "어제는 오늘의 그리움이다."라는 말이 생각납니다. 이렇게 눈발이 나풀나풀 춤을 추는 날 빛바랜 오래된 편지를 읽으며 나는 시방, 나른한 추억에 잠겨 있습니다. 생각해보니 이 또한 사람 사는 풍경이요, 진득한 삶의 묘미이며, 지나간 날들에 대한 그리움의 흔적이 아닌가 싶습니다.

모정

해물녘에 오가는 사람들로 북적이는 시내버스 승강장 길모퉁이에 두릅을 파는 할머니가 눈에 띈다. 두릅을 군데군데 펼쳐놓고 정물처럼 앉아있는 할머니. 눈은 먼 허공에 떠있고 골골이 주름진 얼굴은 가늘한 햇살에 반사되어 묘한 실루엣을 이루며 몇 골로 넘쳐흐른다.

도무지 비좁은 길바닥에 쪼그리고 앉아 행상을 할 노인네의 모습이 전혀 아닌데 넋 없이 앉아 있는 모습에 자꾸만 눈길이 가 나도 모르게 할머니 곁으로 다가갔다.

두릅 값을 물어 보면서 말을 건넸다.

"한 두릅에 얼마예요, 할머니."

"…."

"고우시다 할머니."

"…."

"고우면 뭘 하누."

쳐다보지도 않고 땅이 꺼질 듯 뱉은 심상찮은 넋두리와 긴 한숨.

"곱게 가르마 탄 낭자머리가 얼마나 근사한데요, 뭘."

"그게 다 무슨 소용이여. 말년의 팔자가 생떼 같은 자식을 앞세울 판인데……."

두릅을 봉지에 담고 있는 검버섯 엉성한 손이 바르르 떨고 있었다. 무춤해진 나 역시 할 말을 잃고 봉지를 건네는 손을 무심중에 꼬옥 붙들었다. 그리고 조심스럽게 물었다. 그 경황 중에 웬일로 나와 계시냐고 하였더니 "울덕증이 나서 그냥 손 놓고 있을 수가 없어서, 여기가 너무 아파서…." 한 손으로 가슴을 내리치며, "나는 못 살아 어떤 아들인데 눈 번히 뜨고 나는 못 보내…." 노인은 내 손을 잡은 채 그대로 덥석 주저앉아 버렸다. 엉겁결에 나는 횡설수설하는 할머니의 넋두리에 그만 눈물을 질금거리며 그 속으로 빠져들었다. 들어보니 세상없이 다복하고 훈훈한 삶을 살아온 분이셨다. 여섯 명의 딸 속에 하나뿐인 외동아들이 시방 중환자실에서 산소호흡기로 생명을 연장하고 있다고 했다. 외국 유학까지 다녀온 엘리트 아들은 문중의 자랑이었고 집안의 대들보였다. 그 아들이 지금 생사의 갈림길에 있는 모양이다.

갑자기 불어닥친 돌풍에 휘말려 펄펄 뛰다가 기절을 해 응급실에 실려가기를 몇 번, 그래도 모진 목숨이라 숨이 이렇게 붙어 있다며 꺼이꺼이 피울움을 쏟아내는 이 모정의 절규에 나는 할 말을 잊었다. 병원 출입을 금지당한 어미는 절간 같은 집에 우두커니 있다가 갑자기 울덕증이 발동해 집 옆 산자락 밑 밭둑가에 심어 놓은 두릅을 우둑우둑 따서 머리에 이고 어디론가 정신없이 줄달음을 쳤는데 시외버스 정류장에 서 있더란다. 그리고 바로 영감이 헐레벌떡 뒤쫓아오더라는 것이다. 영감이란 말에 주위를 살펴보니 하얀 중절모에 계량 한복을 곱게 차려 입은 할아버지 한 분이 승강장 긴 나무 의자에 우두커니 앉아 있었다. 내게 받은 두릅 값을 영감님께 건넸다.

얼른 돈을 받아 쥔 할아버지는 안주머니를 들썩이더니 곧장 옷매무새를 고치고 딴청을 부리며 여전히 한길가만 쳐다보고 있었다. 아비인 저 노인의 비통한 마음까지 내게 전해왔다.

나는 이 할머니에게서 지금은 이 세상에 없는 내 어머니를 보았다. 그래서 마주치는 순간 자석처럼 끌렸을까. 어쩌면 저리도 똑같은 모습일까.

서른두 살 한창 나이에 다섯 살 세 살 난 남매를 남겨 놓고 출근길에 비명횡사한 아들의 주검 앞에 차마 소리 내어 울지도 못하고 신들린 사람처럼 모둠발로 천장 닿게 뛰다가 혼절하고 정신 나면 또다시 가슴을 치며 괴기한 몸짓으로 식구들을 놀라게 하던 그 때 그 어머니의 모습이 거기에 있었다. 자식 앞세운 죄인, 하늘이 부끄럽고 사람보기 부끄러워 세상과 담을 쌓았던 내 어머니, 가엾은 어린 남매 건사하느라 눈감은 그날까지 노심초사 그 주위를 맴돌았던 어머니. 여기 또 한 분의 그 어머니가 내 옆에 계신 것이다.

부모에게 자식의 의미는 무엇일까. '자식이란 확실한 걱정거리이며 불확실한 위로.'라고 하였던가. 노을처럼 곱게 물든 팔순의 노부부. 어느 날 갑자기 일어난 믿을 수 없는 현실 앞에 얼마나 견디기가 힘들었으면 사람들 북적거리는 승강장 옆에다 엉뚱한 좌판을 벌렸을까.

오죽하면 아들이 누워 있는 곳과 한 발이라도 더 가까이 있고 싶어 병원이 보이는 이곳에서 진을 치고 있을까.

'아! 인생, 한 치 앞도 내다볼 수 없는 암실 같은 삶의 여로.'

나는 세 번째의 버스도 놓치고 마냥 허적허적 걷고 있었다.

나도 꽃

남편은 아침에 눈을 뜨면 으레 거실 창문을 열고 베란다로 나가 화분들과 눈을 맞춘다.

하루는 그들을 살피다가 헛웃음을 치며 부엌에 있는 나를 불렀다.

"이것들 좀 봐, 이제는 객이 주인 땅을 다 차지하려나 봐."

대저 어디서 날아와 싹을 틔웠는지 뿌린 적도, 심은 적도 없는데 저 홀로 돋아나 남의 집에 얹혀살며 기세 좋게 뻗어 가는 이름 모를 풀들의 약진이 흥미롭다. 애지중지 보살피는 화초들의 틈새에서 저리도 당당히 가지를 치고 또 치며 무성히 뻗어 갈 수가 있는가. 그러나 더는 아니다 싶어 이 잡초들을 뽑아 버릴 양으로 손을 대려는데 여리디여린 이파리가 파르르 떤다. 그 떨림은 살려 달라 애원하는 촉촉한 눈빛 같아 차마 손을 댈 수가 없었다. '그래, 너희도 생명인데….' 할 수 없이 그냥 그렇게 너희끼리 공생 공존하며 사는 데까지 한번 살아보라며 뽑기를 포기하고 오늘에 이르렀다.

찬바람이 쌩쌩 부는 한겨울. 모든 생물이 멈춰 선 듯 한데 유독 이들 만큼은 더더욱 줄기차다. 이 분 저 분을 넘나들며 이제는 무성한 이파리로 기존의 화초들을 염치없이 덮어버리질 않는가. 화근이로다.

시퍼렇게 질려있는 관음죽, 다육이, 동백, 각종 난들이 행여 동사라도 할까 봐 거실로 옮겨오면 그들도 덤으로 따라와 나풀거리고, 물을 주면 남의 덕에 물 한 모금 얻어 마시고 옹골져서 해살해살 웃는 것만 같아 어쩐지 갈수록 애틋하다.

나는 그들을 무심히 바라보고 있자니 문득, 그 옛날 우리 동네 샛골 양반 가솔들의 얼굴이 스쳐 지나갔다. 집은커녕 논밭 한 뙈기도 없는 처지에 올망졸망한 새끼들을 무려 칠 남매나 거느렸다. 아버지는 머슴살이로, 어머니는 허구한 날 남의 집 허드렛일로 하루하루를 연명하는 처지에도 저녁이면 희미한 호롱불 새어 나오는 그 집에서 웃음소리가 그치지 않았다. 그 집 아이들은 저희들끼리도 잘 놀았지만 누구하고도 잘 어울렸다. 마치 야생마처럼 들판을 헤집고 다니면서 잡초처럼 자랐다. 엄마가 남의 집 모내기를 하러 가면 갓난아이 젖을 먹여야 한다는 구실로 점심때 큰누이는 막내를 업고 다른 동생들은 걸리고 뜨신 밥 한 그릇 얻어먹으려고 논두렁에 줄줄이 서 있던 그 아이들. 나중에 들은 얘기로 학교 대신 대처에 나가 부지런히 돈을 모아 집도 짓고 땅도 사 부모님의 한을 풀어드렸다고 한다. 밟아도 밟아도 끈질기게 일어서는 풀, 척박한 환경에서도 소리 없이 저절로 자라고 피는 꽃, 샛골 댁 내외를 꽃방석에 앉힌 들풀 같던 아이들이 우리 집 화분 속의 풀과 교차되면서 모처럼 아련한 향수에 젖게 한다.

요즈음 우리 집 베란다에는 들꽃 잔치가 한창이다. 며칠 전부터 줄기 마디마디에 자잘한 봉오리가 수도 없이 맺히기 시작하더니 이제는 하나 둘, 톡 톡 꽃망울을 터뜨리기 시작했다. 가까이 가 자세히 살펴보니 소금처럼 하얀 빛깔과 야리야리한 보라색 빛깔을 띤 청순가련한 얼굴들이 한결같이 웃고 있는 모습이다. 그리고 나에게 속삭인다. '여보시우, 이제 나도 꽃이로소이다. 아무짝에 쓸모없는 들풀이라 미련 없이 버렸으면 이런 날이 왔을까요?' 하고 나에게 되묻는 것만 같다. 시방도 그들은 톡 톡 톡, 튀밥을 튀 듯 피고 또 피고….

쉬지 않고 새 생명의 불을 밝히고 있는 중이다.

병 주고 약 주고

그날,

쨍쨍한 햇볕이 하도 좋아서 가만히 있을 수가 없었다.

저 볕에 버섯도 말려야겠고, 편강과 생강차도 준비해야 하고 양파, 무, 배추, 당근 등등 스치고 지나간 것들로 하여금 나를 마냥 들썽거리게 하였다. 하여, 오늘이 지나가면 큰일이 날 것처럼 남편을 졸라댔다. 얼른 공판장에만 데려다주고 볼일을 보라며 막무가내 떼를 썼다. 그는 오만상을 찌푸리며 매사에 대책 없이 서두르며 즉석에서 일을 행함에 대해 매몰차게 꾸짖었다. 팩 토라진 나는 끌개를 끌고 씨근덕거리며 현관문을 나섰다. 언제 뒤쫓아왔는지 클랙슨을 울리며 자동차가 내 옆에 섰다. 무렴하여 애매한 미소를 흘리며 옆자리에 앉았다. 다시 조근조근 평소 그답게 타일렀다. 이렇듯 어렵게 동행을 하였으니 넉넉잡고 삼사십 분 안에 일을 봐야 하는 처지인지라 마음이 바빴다. 우선 양파를 산적해 놓은 가게 근방에 멈추게 하고 양파 한 자루를 샀다. 셈하려고 지갑을 열었더니 사탕 몇 알이 들어있어 피곤해 보이는 주인에게 건넸다. 고마웠던지 양파 두 개를 덤으로 더 주었다. 목에 걸린 가방에 지갑을 다시 넣고 몇 발자국 걸어가는데 웬걸 길 한가운데 병색이 짙은 할머니가 가쁜 숨을 몰아쉬며 두리번거리고 있질 않은가. 다가가 "왜 이렇게 번잡한 곳에서 서 계시느냐?"고 물었다. 할머니는 "종일 누워만 있으니 복장이 터질 것 같아 무작정 나왔더니…." 하시며 입을 쩝쩝 다셨다.

나는 얼른 지갑 속 사탕을 용케 꺼냈다. 이 할머니는 사탕 껍질을 까서 입에 넣어 주어야 할 판, 그러나 옆구리에 꿰찬 양파 한 자루와 낱알 두 개, 다른 한 손에는 지갑을 들었으니 난감할 밖에, 가까스로 할머니 입에 사탕을 넣어 주면서 어서 가시라 눈인사를 하고 자리를 떴다. 한참 후 버섯을 사고 지갑을 찾으니 가방에 지갑이 없었다. 순간 가슴이 철렁했다. 지켜보던 남편은 지갑 속에 돈 말고 무엇이 들어 있느냐고 물었다. 은행 카드 세 장과 주민등록증 등이 들어 있다고 했더니 어이가 없다는 듯 한숨을 푹 쉬더니 따발총으로 "타-터-타!" 쏘아댔다. 시장에 오면서 돈지갑만 가져올 일이지 등등. 더욱더 주눅을 들게 했다. 그는 두말 않고 집 쪽으로 차를 몰았다. 왜 은행으로 안 가느냐고 모기만한 소리로 물었더니 대꾸도 안 했다. 그때부터 이미 내 머릿속은 모든 작동이 다 멈춰버렸다. ARS로 분실 신고를 할 모양이다. 묻는 대로 대답을 하란다. 그러나 이미 백치가 돼버린 나는 주민등록 번호도 횡설수설, 아무튼, 그쪽에서 물어온 것을 하나도 대답을 못 하니 이 일을 어쩌랴. 얼굴이 벌겋게 달아오른 그는 전화를 낚아챘다. 그리고 대신 일을 가까스로 처리했다. 카드 분실 신고를 끝내고 나니 이제는 동사무소로 직접 가서 신고를 하고 임시 주민등록증을 만들어야 한다고 했다.

그는 늦게라도 볼일을 보러 나갔고 나는 동사무소로 향했다. 번호표를 손에 쥐고 생각 없이 멍하니 앉아 있었다. 차례가 돌아와 번호표를 내밀며 주민등록증을 운운했더니 한심하다는 듯 쳐다보던 담당 직원 왈,

"아주머니, 여기는 우체국이에요. 이 옆 동사무소로 가셔야지요." 한다. '이럴 수가. 내가 왜 이래…….' 얼굴을 감싸쥐고 우두커니 서 있다가 주춤거리며 뒤돌아섰다. 한참 후 동사무소에서 일을 보고 나오는데 신호음이 울렸다. 순천에 사는 친구였다. 힘없는 목소리가 걸렸는지 무슨 일이 있느냐며 다그쳐 물었다. 자초지종을 늘어놓다 보니 말이 길어졌다. 전화를 막 끝냈는데 또 신호음이 울렸다. 그이의 격앙된 목소리가 쩌렁거렸다. 이 판국

에 대체 누구하고 전화질이냐며 또 속을 뒤집었다. 그러면서 지갑을 찾은 것 같으니 빨리 관할 파출소로 오라는 것이다. 순간 정신이 확 들었다. 뛰다시피 뒤뚱거리며 달려갔다. 그때, 빨강 깜빡이를 켠 차량 한 대가 들어왔다. 차에서 내린 경찰관의 손에 낯익은 내 지갑이 들려 있었다. 신원을 확인한 후 어디론가 전화를 걸더니 받아보라고 했다. 젊은 여인의 목소리였다. 그녀는 우선 돈 액수가 맞는지 확인하고 지갑 속에 들어 있는 것들을 조목조목 확인했다. 어디 사는 누구시냐고 물었더니, 느닷없이 "각화동 공판장 앞길에서 어떤 할머니에게 사탕 한 개를 주셨지요? 그 할머니 간병인이에요." 하였다. 깜짝 놀라 자초지종을 물었다. 그 할머니가 당신이 떨치고 간 지갑을 바로 주웠는데 미처 부르기도 전에 나를 태운 자동차가 떠나버렸고, 어찌할 바 몰라하며 집으로 와서 파출소로 함께 가자고 하더란다. 그녀가 혼자 가서 신고하고 오겠다고 하니 한사코 함께 가야 한다고만 해서 왜 그러느냐고 물었더니 이 늙은이 입에 과자를 넣어주다 지갑을 흘렸으니 내 손으로 찾아줘야 한다며 고집을 부렸다고 한다. 기어코 파출소에 함께 가 지갑 속의 내용물을 확인케 하고 그제야 경찰관에게 지갑을 맡기더라는 것이다. 그녀가 할머니를 바꿔줬다.

"할머니……."

나는 말을 못 잇고 울먹였다.

"지갑 속에 들어 있는 거 다 맞아?"
하시며 중요한 것이 많이 들어 있는 거 같아서 간병인에게도 못 맡기고 직접 함께 파출소까지 갔다는 할머니. 나는 할 말을 잃었다. 그리고 꼭 뵙고 식사라도 대접하고 싶다고 했더니 한사코 사양을 하며, 대신 나같이 외롭고 힘든 사람 만나면 그들에게 베풀면 된다고 하셨다. 훈훈한 사랑의 훈기를 가슴으로 품으며 인정이 오가는 세상. 아직은 그래도 살 만한 가치가 있노라 스스로를 다독였다. 그러나 오늘, 그이에 대한 섭섭함은 못내 아쉽다. '도대체 나이 듦의 현상일까? 아집일까? 독선일까?' 매사에 자상하고 따뜻한 사람이라 소문이 난 그가 아니던가.

한바탕 휩쓸고 간 회오리바람으로 하여 만신창이가 되어버린 육신을 오래오래 목욕물에 담그고 집에 들어오니 인기척이 없었다. 바로 메모용 칠판을 쳐다보았다.

'당신, 오늘 너무 수고가 많았소. 얼마나 힘이 들었소. 이제 아무 생각 말고 푹 쉬시구려. 그리고 그 순간을 못 참고 얼굴 붉히며 짜증내서 미안하오. 운동하고 오리다.'

나는 입을 앙물고 칠판의 글을 뚫어지라 노려보았다. 흰자위가 반쯤 돌아가도록 눈을 홀기며 뭐라고? '병 주고 약 주네!'

'으-흥, 엠병!'

할미꽃 연가

늦가을 들녘이 온통 황금물결이다.

바람의 방향에 따라 속절없이 나부끼다 떨어지는 마른 잎새들. 침묵의 성자처럼 묵직한 고개를 푹 수그린 채 가늘게 출렁이는 벼 이삭들을 보면서, '모든 사물이 제대로 영글면 저런 모습인가?' 하는 생각이 들었다. 저들도 한때는 풋풋한 초록 잎을 달고 한없이 푸르름을 뽐냈을 터. 빳빳이 고개를 쳐들고 하늘을 우러르던 그 기상은 어디로 가고 저렇듯 겸손의 얼굴로 자연의 순리에 순응하는 모습인가. 때가 되면 미련 없이 떠날 채비를 하고, 고개를 한껏 떨구며 기꺼이 자연의 섭리를 따르는 저 자세라니, 유유히 흐르는 시간 속에서 자연의 변화는 실로 경이롭다. 그런데 하물며 만물의 영장이라는 사람은 왜 이리도 순리에 역행하는 삶을 살고 있는지 스스로 자신에게 물어볼 일이다.

언제부턴가 나는 머리숱에 대한 심한 트라우마가 있다. 날이 갈수록 시난고난할 때 보이지 않게 날아가 버린 머리칼이 나를 슬프게 한다. 하여, 별별짓도 다 해봤다. 하지만 속수무책이다. 그래서 마음을 비웠다. '이제는 그냥 자연인으로 살자. 민들바위면 어떻고, 호호백발이면 어떠랴. 입산한 수도승의 모습으로 경건하게 살면 되는 것을.' 하였더니 차라리 마음이 편해졌다. 그러나 거울 속에 비친 모습이 갈수록 가관이다. 평소 이웃집 두 살배기 손녀가 귀여워서 '까꿍' 하면 까르르 곧잘 웃어댔다. 그 아기를 한참만에 보았더니 '으앙-' 질색을 하고 울면서 고개를 돌려 버리지 않는가?

더더욱 나를 억장 무너지게 한 사건이 최근에 있었다. 며칠 전, 오랜 투병 생활로 누렇게 시든 여동생 부부와 함께 산책을 나섰다가 점심을 먹으려고 어느 식당에 들렀다. 때가 지나서인지 손님이 두 사람뿐이었다. 본의 아니게 듣자 하니 두 사람의 대화가 심각했다. 어머니와 아들인 듯싶었다. 아들이 어머니를 아이 다루듯 타이른다.

"어머니, 형수님이 하시는 일에 간섭 말고 못 본 체 하셔요. 그러려니 하시라구요."

"내가 이눔아, 산송장이냐? 왜 할 말을 못해 왜?"

"허허 어머니, 그러면 바로 요양병원으로 쫓겨난다니까…."

분을 못 참아 들썩이는 노인의 굽진 어깨가 애처롭다.

한참을 모자간에 실랑이를 하다, 어머니가 손을 내두르며 가까스로 일어섰다. 정면으로 마주한 할머니의 강인한 얼굴은 아직도 펄펄 살아 있었다. 그러나 자글거리는 세월의 흔적은 피해 갈 수 없었다. 그저 허리 굽고 등 굽은 무덤가의 하얀 할미꽃이었다. 몸을 추스르다 말고 할머니는 나를 쳐다보더니 한 말씀 던지신다.

"오매, 집이도 아들하고 왔소? 짜는 내 두짜요." 하시며 합죽한 입 언저리에 여러 겹의 파문 같은 주름을 훔치며 웃고 있었다.

그 말을 듣고 있던 나와 동갑내기인 제부는 애써 웃음을 참다가 그들이 사라진 뒤 사뭇 밥상을 치며 박장대소하였다. 그리고 그도 한 말씀 잊지 않았다.

"여보시게 갑장 처형, 똑똑히 들었지? 얼른 염색해. 무슨 객기로…." 하더니 새판으로 또 한 번 옹글지게 웃었다. 오랜만에 제부의 환히 웃는 모습을 보았다.

바로 그날 내 의지와는 상관없이 아니, 은근히 아우의 손에 이끌려 미장원에 들어가 또다시 변신을 시도했다.

유대 광야에 서서

풀 한 포기 집 한 채 없는 광활한 광야에 섰다. 바람 냄새 흙냄새를 맡으며 묵묵히 걸어가다 걸음을 멈췄다. 하늘을 쳐다본다. 구름이 새처럼 날아간다. 침묵만이 흐르는 삭막한 땅, 황토색은 광야요, 파란 색은 하늘이라, 태곳太古적의 인간으로 환생하여 나 여기 서 있음인가. 지그시 눈을 감는다. 모든 소리들이 정지된 찰나다. 영겁의 세월, 나는 지금 어디에 머물러 있으며 어디로 가고 있는 것일까.

가만히 내 지금껏 살아왔던 삶의 가닥가닥들을 들춰본다. 참 어리석기도 하다. 참 민망도 하다. 왜 그렇게 힘들게 고생을 사서하며 살았을까. 나는 한참을 소금 기둥이 되어 무한한 시공을 넘나들다 비로소 머리를 흔들며 눈을 떴다. 그리고 마른 눈물을 짰다. 그래, 부질없는 짓이었어. 잠깐 머물렀다 떠나는 길을 그리도 애면글면 안달을 했을까. 마치 내가 아니면 안 될 것처럼 사방을 에두르며 설레발을 쳤을까. 선친에게 배웠던 그대로 부모 형제 가족들에게 최선을 다하며 이웃과 더불어 사는 것이 당연한 순리요 도리인 줄 알았다. 그러나 매사에 겁 없이 뛰어들던 그 오지랖이 때로는 순전히 집착이요, 자가당착自家撞着에 빠진 오류임을 이제야 어렴풋이 깨달았다.

자식 일 또한 그랬다. 내 속에서 나왔으니 내 소유물인 양 그들의 일이라면 기름통을 들고 불속으로 뛰어드는 일도 마다않을 자세로 그 안에서 마냥 허우적거렸다. 이 또한 서로 간에 힘든 일이며 그들 또한 일일이 말 못하고 얼마나 속앓이를 했을까. 생각하면 무안하고 쑥스러울 뿐이다.

누구나 가슴속에 혼자만의 사막이 있고 광야가 있음이라. 마음속 깊이깊이 묻어두고 꾹꾹 참아 누르며 이렇듯 숨가쁘게 달려온 내 생. 그래서 대체 무엇을 걸머쥐었는가. 결국 무엇 하나 가져갈 수도 없는 것들에 대한 애착이었으니…. 허무로다! 허무!

어쩌다 보니 지금 나는 인생의 겨울 초입 중간에 들어섰다. 마치 시위를 떠난 화살처럼 쏜살같이 달려가버린 시간, 시간들. 반생의 흔적도 한 줌의 재가 되는 것이 세월이라 하였거늘 이미 허리는 비뚤어지고 다리는 절록거리며 정신마저 오락가락할 때가 많으니 무슨 할 말이 있으며 무슨 미련이 있으리. 이 시점에서 가장 두려운 것은 더 늙어서 낡아지는 일이다. 어떻게 갈무리를 해야 서산의 노을처럼 주위를 발갛게 물들이며 서서히 물러날 수 있을까, 이제부터라도 좀 더 온화하고 격조 있고 품위 있는 처신으로 모든 것을 품어 안아야 할 일이다. 그리고 움켜쥐었던 모든 것들을 미련 없이 내려놓는 연습을 할 일이다. 인간사 오욕칠정 훌훌 털어 버리고 바람으로 구름으로 흘러흘러 그렇게 살 일이다. 저 하늘을 우러러 최소한 부끄럼 없는 생을 살다 그분 곁으로 갈 수만 있다면 더 이상의 홍복이 어디 있으리. 나는 한참을 무소유로 떠도는 김삿갓이 되어 광야에 서서 이렇게 뇌까리고 있었다.

마치 고해소에 들어와 성사를 보듯 구구절절 긴 사연들을 들춰내고 있었다. 이제는 이곳을 떠나야 할 시간. 모든 것을 내려놓고 빈 마음으로 내려가자. 가서 또 집착의 화신으로 돌변하는 우를 범할지언정 지금은 이곳에 다 내려놓고, 훌훌 털어버리자고 생각했더니 자유와 평화가 한꺼번에 밀려오는 느낌이다.

가슴이 펑 뚫리면서 발걸음이 사뭇 가볍다.

5부

황혼의 엘레지

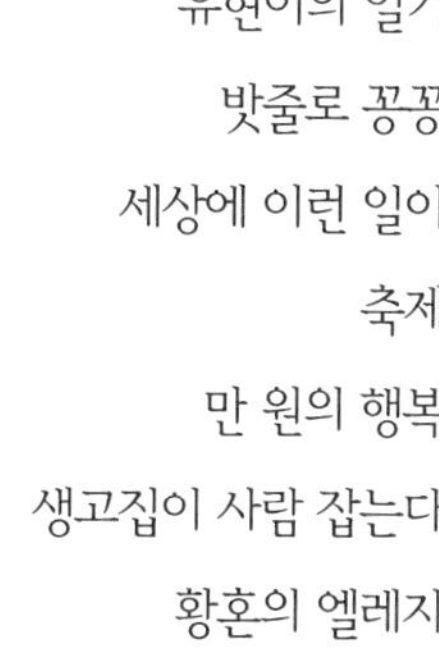

유현이의 일기

초등학교 4학년인 유현이는 나의 네 번째의 외손주다. 탯줄을 손수 내가 끊었고 그때부터 이 할미의 손에서 자랐다. 지금은 떨어져 살고 있지만 여차하면 달려갈 태세로 대기 중이다. 무려 7명의 외손 중 유독 이 아이에게 눈길이 가는 것은 그동안 아웅다웅하며 키운 정 때문일 것이다.

아이는 매사에 서두르는 법이 없고 유유자적 한가롭고 편안한 얼굴이다. 직장일로 항상 바쁜 엄마가 휴일 날 모처럼 깊은 잠에 빠져들면 아무리 배가 고파도 방문만 살며시 열어볼 뿐 행여나 엄마가 깰세라 문을 닫고 까치발로 걷는 아이다.

유현이는 매일 일기를 쓴다. 일기 속에 아이의 일상이 고스란히 드러난다. 하루는 제 엄마가 메일로 유현이의 어느 날 일기를 그대로 카피해 보내왔다.

내 이름은 조구칠

오늘까지 내 이름은 조구칠이다. 왜냐고? 바로바로 내가 이번 수학시험에서 97점을 맞았기 때문이다. 저번에는 과학 단원 평가에서 100점을 맞아 한동안 내 이름은 조과백이었는데 이번에는 수학시험을 잘 봐서 이름이 또 바뀐 것이다. 그러고 보니 내 이름은 참 많기도 하다. 피구 왕 통키처럼 피구를 잘한 날에는 조유키이다. 머리를 단정히 자른 날에는 조세잘(세상에서 제일 잘 생긴)이다. 이것 말고도 많은데 손이 아파서 이만 그친다.

이 모든 이름은 우리 엄마와 누나가 만들어 준 것이다. 나를 칭찬하고 격려해 주는 마음이 담겨있는 것이다. 일단 이름이 만들어지면 아빠도 따라 부른다. 그래서 우리 가족들의 응원의 기운이 고스란히 그대로 전해진다. 이번에 조구칠이 되어서 정말 기쁘다. '구칠'은 이름으로는 좀 웃기지만 내가 4학년이 되어서 최고로 높은 수학 점수를 기념하는 것이어서 나에게는 의미가 깊다. 앞으로 더 열심히 해서 꼭 조수백이 되어야겠다. 그날을 향해 파이팅!!!

바로 밑에 선생님이 붉은 볼펜으로 쓴 격려의 말씀이 한층 돋보인다.

"하하하, 선생님도 응원합니다. 조수백이 되는 그날까지 파이팅!! 정말 멋진 격려 방법인 것 같아요. 그런 가족이 있어 좋겠네요."

읽고 또 읽어도 질리지 않는 아이의 해맑은 심성과 따스함이 순간 내 가슴을 감싸 안았다. '칭찬을 들으면 고래도 춤을 춘다.'는 말이 있다. 가족이란 울타리 안에서 서로 안아주고 격려해 주며 도닥여 주는 아이에게 무슨 탈이 있겠는가. 아빠, 엄마 그리고 고교생인 누나가 항상 바빠 잘 돌봐주지 못한 것이 늘 걸리고 안쓰러워 이런 식으로 사랑 표현을 하는가 싶다. 아이는 외식보다는 엄마 밥을 좋아한다. 시간을 쪼개서 만든 엄마 표 음식에 감탄하며 식탁에 앉아 도란거릴 때면 아이의 얼굴에 생기가 돈는단다. 그리고 아빠는 아무리 힘들어도 주말에는 아이와 함께 축구와 씨름을 하고 목욕탕도 함께 가면서 부자간의 정을 돈독히 쌓는 중이란다.

이제 유현이 나이 갓 11살, 금방 중학생이 될 것이고 사춘기와 함께 찾아오는 방황의 시기가 올 것이다. 앞으로 넘어야 할 산들이 많고 많을 것인데 그때마다 지혜롭게 대처할 수 있는 마음의 여유를 지금처럼 갖고 살았으면 하는 바람이다.

'부디 밝고 건강하게 자라라, 내 사랑스런 아이야. 곧 찾아올 20대에는 희망의 이름표를 달고 활기찬 청소년으로 변신했으면 좋겠구나! 이 할미도 파이팅!!'

밧줄로 꽁꽁

늦가을, 빨갛게 물든 산야가 곱다. 어릴 적 친구들이 모여 모처럼 제주도 여행길에 올랐다. 지금도 고향을 지키고 사는 친구들이 꼭두새벽에 올라오고 모두 열 명의 멤버들이 공항에 속속 모여들었다. 걸어오는 모습들이 왠지 가슴 찡하다. 나름 꽃단장을 하고 왔으련만 세월의 연륜은 어찌할 수 없나 보다. 머리는 염색으로 감추었다 할지라도 골골이 패인 주름살, 축 쳐진 눈매, 누렇게 탈색 돼버린 얼굴빛이며 뒤뚱거리는 모습들이 천생 할매다.

그러나 세월은 흘러도 흔적은 남는다 하였던가. 한 명 한 명 쳐다보며 어린 날의 자취를 더듬다 보니 입가에 배시시 웃음이 절로 난다. 유독 누런 코가 숨을 내쉴 때마다 쿵덕 방아를 찧으며 들락거리던 코불이 ○○○, 고급 털실로 짠 빨간 스웨터를 걸치고 깐죽거리던 뒤통수 납작한 ○○, 땅강아지처럼 작고 토실한 ○○○, 끄떡하면 주먹으로 두 눈을 부비며 징징대던 ○○○ 등등, 어린 날의 초상들이 눈에 선한데 그들은 다 어디로 가고 눈앞에 어정거리는 저 여인들은 다 누구인가. 세월은 모든 것을 변하게 하며 마술을 부리는가 보다.

그 옛날 어릴 적에 이야기에 팔려 하하 호호하며 이제 단 하룻밤을 지내고 있는데 서서히 각자의 개성들이 툭툭 불거졌다. 늙음의 징후인가. 밥 한 끼를 사 먹는데도 서로 다른 목소리를 내야 하고, 입장료를 내고 관람을 하자는 데도 의견이 분분하여 가이드 겸 차량 운전자를 난감하게 만들었다. 요양원에 빨래 봉사를 다니다 보면 그 정신없는 와중에도 팬티에 이름을 새겨 놓은 할머니들이 더러 있다. 나이가 들면 들수록 자기주장이 강하고 아집 투성이라는 말이 틀린 말이 아닌 것 같다. 그런데 특별히 그와 다른 노인들의 모습을 볼 수 있는 기회가 있었다.

몇 년 전 일이다. 남편의 초등학교 동창생들이 부부 동반으로 모교 근처에서 모인다고 했다. 그런데 그이는 나를 데리고 가기를 꺼리는 눈치였다. 왜 그러냐고 물었더니 "우리 친구들 노는 것을 보면 좀 민망하고 낯설 텐데…." 하며 자꾸만 난처한 표정을 지었다. 더욱 호기심이 발동하여 기어코 따라나서기로 했다.

그는 아침부터 목욕재계를 하고 듬성진 머리를 정성스레 다듬는가 하면, 얼굴을 두드리고 문지르며 멋내기에 한창 바빴다. 이에 질세라 나 또한 모처럼 선보이는 자리인지라 나름 단장을 하고 자동차에 올랐다. 후미진 산길을 돌고 돌아 목적지에 거의 다다랐다. 남편이 다녔다는 학교를 지나 약속한 식당에 들어서니 식당 담벼락에 남녀 노인들 몇십 명이 햇빛을 받고 서 있었다. 무슨 노인당에서 식사하러 오셨나 싶은 순간 "아무개야!" 하며 웬 할머니가 그이 이름을 부르며 두 팔을 벌리고 다가오지 않는가. 흠칫 놀라 주춤하였더니 "짝이여?" 하고 위아래를 훑어보더니 흔연스럽게 손을 잡고 하얗게 웃는다. 그들이 바로 전국에 흩어져 사는 고수초등학교 19회 동창생들이었다. 남녀 할 것 없이 말도 아예 내려놓고 서로 얼싸안고 반기는 것이 신기하기도 하고 하는 짓이 참으로 가관이었다. 들어가 간단히 개회식을 하고 식사를 하는데 권커니 잣거니 하며 술잔이 몇 순배씩 돌아가는가 싶더니 혼자 보기에는 아까운 장면들이 연출되었다. 그 순간만큼은 모두들 동심으로 돌아간 듯싶었다. 지난날을 되새기며 눈물짓는 사람, 손을 꼬옥 잡고 흘러간 옛 노래를 흥얼거리는 사람, 빈 스텐 밥그릇을 숟가락으로 두들기며 덩실덩실 춤을 추는 사람. 그야말로 위대한 고수초등학교 19회 동창생들은 하나로 똘똘 뭉쳐 시간 가는 줄 몰랐다. 유독 여자들이 누님처럼 나이가 들어 보인다 싶더니 아닌 게 아니라 보통

두세 살씩은 더 먹었다고 한다. 여자들은 시국이 어수선하기도 했지만 학교를 보내기가 어려운 시기였단다. 그러나 참 순박하기 그지없는 모습들이었다.

그때 벌겋게 홍당무가 된 유독 쭈글거리는 할매가 일어서더니 호기롭게 한 말씀 뱉는다. "아그들아, 우리 집으로 2차 가자, 까짓것 돼지 한 마리 잡아 푹 삶아먹으며 북장구 치고 거나하게 한 판 벌리자. 우리 이제 얼마 안 남았어야." 한다. 순간 멈칫하더니 모두 "와!" 박수를 치며 환호한다. 그때 다리를 심하게 절룩거리는 다른 할매가 종이 뭉치를 들고 나와 식탁을 두드리며 주위를 환기시킨다. "자, 이것은 우리 아들이 컴퓨터로 뽑아준 '사랑의 밧줄'이라는 노래다. 여기서부터 저기까지 반으로 뚝 잘라 내가 하라는 대로 해. 이쪽에서 '밧줄로 꽁꽁' 하면, 저쪽에서 밧줄로 꽁꽁 박자를 맞춰 부르되, 다음 '꽁꽁 묶어라' 대목에서는 서로 옆 사람을 얼싸안고 꽁꽁 묶어 버리는 것이다. 자, 시작."

'밧줄로 꽁꽁, 밧줄로 꽁꽁, 꽁꽁 묶어라. 내 사랑이 시들기 전에 밧줄로 꽁꽁, 밧줄로….'

대단한 장면이었다. 술기운일까, 녹녹치 않았던 삶의 애환 탓일까. 얼싸안고 서로 얼굴을 부비며 엉엉 우는 이, 박장대소하며 벌렁 나자빠지는 이, 그야말로 점입가경이었다. 심한 보릿고개 겪으며 함께했던 순박한 소꿉친구들. 속살부터 다 아는 사이라 허례와 가식도 없이 만나면 서로 안고 품으며 저리 사는가 싶었다. 전쟁의 소용돌이 속에서 콩 한쪽이라도 나눠 먹던 시절의 이 친구들과, 비교적 편히 살았던 여자들만 모이는 우리 친구들 하고는 노는 것이 달랐다.

먼발치에서 그들을 훔쳐보면서 나는 알 수 없는 눈물 한소끔 흩뿌리며, '늙어간다는 것은 참 서글픈 일이구나' 혼자서 그렇게 중얼거렸다.

한참 후, 밧줄로 꽁꽁 묶고 언제까지 살 줄 알았던 친구들이 낙엽 지듯 하나, 둘씩 떠나버리고 문밖 출입이 힘든 친구들이 늘어나 할 수 없이 모임을 해체했다고 말하는 남편의 시무룩한 얼굴 위로 "우리 이제 얼마 안 남았어야!" 하던 그 목소리가 공중을 맴돌며 공허하게 퍼져 나갔다.

세상에 이런 일이

'드르륵', 거실 문 여는 소리다. 나물을 다듬고 있다가 소리 나는 쪽으로 눈을 돌렸다. 그가 옷자락에 무엇인가를 가리고 살금살금 들어오다가 인기척에 찔끔 놀란다.

'또 쓰레기 하치장을 들쑤셨구나.' 생각하니 하도 속이 상해 소리를 꽥 지를 뻔했다. 그러나 숨을 한 번 크게 쉬고 마음을 다스렸다. '아서라, 당신 좋아서 하는 일, 아파서 누워 있는 것 보다 백 번 낫지.' 이렇게 포기를 하다가도 사뭇 울덕증이 나면 다 쓸어버리고 싶어짐을 어쩌랴. 세상에, 이럴 수는 없다. 안방, 책방, 아들 방, 거실, 다용도실 할 것 없이 각종 폐품들로 가득하다. 혼자 사는 집도 아니려만 빼곡히 들어찬 각종 고장난 물건들. 전기밥솥, 전자레인지, 청소기, 라디오, 오디오, 다리미, 선풍기, 커피 주전자, 시계 등등 이런 만물상이 없다.

다용도실과 수돗가가 자기 전용 놀이터다. 주워온 물건을 찰찰 흐르는 물에 번쩍번쩍 빛나게 닦아서 햇볕에 바싹 말려 두었다가 시간 나는 대로 작업에 들어간다. 용접기를 비롯한 각종 기기들을 원도 없이 늘어놓고 물건을 조립하는 모습을 훔쳐보면 이런 가관이 없다. 바로 장인의 모습이다. 아니 발명왕의 모습이다. 어이없어 가만히 살펴보면 오만가지 표정을 지으며 사뭇 진지하다. 고장 난 물건을 만지다가 나오는 소리도 다양하다. "쯔쯔쯔즈으…." 이 소리는 다 된 죽에 코 빠뜨린 소리로 힘들게 고친 부분이 작동이 안 될 때 나오는 소리. "엄-매…." 하는 소리는 뜻밖의 실수로 물건이 회생 불능일 때 나는 소리. "에이 참…." 하는 소리는 제아무리 용을 써 봐도 마음대로 안 될 때 나오는 소리. "히야!" 손가락을 맞춰 똑 소리를 내며 하는 소리는 드디어 뭣인가를 찾아냈을 때 나오는 소리. "바바바밤…." 베토벤의 '운명' 서곡 같은 소리는 완제품으로 다시 태어난 물건이 오달져서 나오는 소리. 이 갖가지 소리들과 함께 더불어 나타나는 얼굴 표정은 참, 신비롭기까지 하다. 그 얼굴에 인생의 희로애락이 다 담겨져 있으니 말이다. 이렇게 만들어진 물건들을 즐비하게 늘어놓고 자식새끼 건사하듯 마른 기름 수건으로 광나게 닦는 일이 마지막 순서다.

그런데 참으로 희한한 것은 그 많은 제품들을 순서별로 명확히 알고 있다는 것이다. 허락 없이 빼돌렸다가는 혼쭐이 난다. 더욱 기막힌 것은 공동으로 쓰는 서가書架 단계마다에 줄줄이 못을 박아놓고 시계란 시계는 다 수집해다가 걸어 놨다. 책이나 자료를 찾으려면 일일이 그 많은 시계들을 내려놓거나 들썩거려야 한다. 그뿐이랴, 컴퓨터가 있는 이 방에서 글 작업을 하려고 의자에 앉으면 째깍 째깍 박자까지 맞춰가며 사방에서 울어대는 시계 돌아가는 소리에 분심이 생겨 그냥 일어설 때가 한두 번이 아니다.

하루는 협상을 하려고 조심스럽게 말문을 열었다. "여보, 당신이 좋아서 하는 일을 하지 말라 하지는 않겠소. 그러나 이건 아니요. 제발 가게 하나 빌려서 신간 편하게 그곳에서 맘껏 펼치고 놀면 어쩌겠소?" 하였더니 노발대발이다. "내가 시방 돈 벌자고 하는 일이오? 그리고 뭐, 놀다니? 당신 보기에 시간 때우려고 하는 짓 같소? 멀쩡한 물건들이 가차 없이 버려지는 것이 안타까워 주워다가 고쳐서 없는 사람 주는 것인데 그 꼴을 못 봐 내 집 놔두고 무슨 가게 운운 하는 거요. 당신이 믿는 하느님이 그렇게 시키든가, 에이 사람!"

터럭 끝도 안 들어갈 말을 하였다가 본전도 못 찾고 그만 주저앉아 버린 꼴이 되었다. 하기야 그의 말에도 일리가 있다. 물질 만능의 세상, 걸핏하면 버리고 또 사고, 구형이라고 또는 색상이 바랬다고 가차 없이 버린 사람이 있는가 하면, 그 물건이 꼭 필요한데 살 형편이 안 돼서 힘들어하는 사람도 부지기수다. 자타가 인정하는 국보급(?) 기술로 그의 손이 닿기만 하면 헌 것이 새것 되어 꼭 필요로 하는 사람들에게 전달된다는데 더 이상 심통을 부릴 수도 없고 TV 프로그램 중 '세상에 이런 일이'에서나 볼 수 있는 집안 풍경을 그대로 고수할 밖에 도리가 없다.

오늘도 거실 구석에 산적해 놓은 종이 상자 세 개에다가 갈고 닦은 물건들을 정성을 다해 포장하고 있다. 어디로 가는 택배인지 내 굳이 알 바 아니지만 그를 향해 나도 모르게 눈자위가 획 돌아간다. 그리고 오후에는 음식점을 하고 있는 내 친구 집에 네 대의 선풍기를 가져다 줄 예정이라며 은근히 동행할 것을 요구한다. 이제는 입소문이 퍼져 사방에서 주문이 들어오고 고장 난 물건들을 손수 가져오는 사람들로 문전성시를 이루노니 '오! 훈장 받아 마땅할 위대하신 저 양반, 천당 한 자리는 따 놓은 당상이로세.'

축제

시나브로 물들기 시작한 나뭇잎 사이로 부서지는 가을 햇살이 영글다. 병원에 갔다가 실망스런 진료 결과를 듣고 집으로 돌아가는 길, 금남로로 진입해야 할 버스가 엉뚱한 길로 들어섰다. 소리 나는 쪽을 향하여 고개를 돌렸더니 울긋불긋, 바글바글 깃대가 펄럭이며 행진하는 사람들로 하여금 버스길이 막혀버렸다.

'축제다, 충장 축제!' 참새가 방앗간을 보고 어찌 그냥 지나칠 수 있으리. 내가 언제 고개를 처박고 시름속에 빠져있었느냐는 듯 순간 벌떡 일어서서 하차 신호음을 눌렀다. 그리고 급하게 절친 몇 몇을 불러냈다. 나는 그들을 기다리는 동안 사전 답사라도 하듯 거리거리를 헤집고 다녔다.

구 도청 앞 5.18민주 광장을 기점으로 문화의 전당, 금남로, 충장로, 예술의 거리 등이 온통 축제의 물결로 출렁이고 있었다. 한편에서는 산파극 공연이 또 다른 한편에서는 오케스트라 연주와 우리 가곡 무대가 절정을 이뤘고, 또 간드러진 흘러간 옛 노래가 추억을 불러일으켰다. 남도의 명물과 즉석에서 맛볼 수 있는 먹거리 등등이 거리 곳곳에 동시 다발적으로 이루어져 그야말고 난장의(orgy) 절정이었다. 그때, 문득 눈앞에 내 어릴 적 고향 산천이 떠오르면서 순간 가슴이 동당거렸다.

그 옛날 우리 읍내에 곡마단이란 유랑 극단이 자주 들어왔다. 오일장이 서는 장터 소머리 전에 가설무대를 설치하는 동안 트럭 비슷한 차에 마치 서커스단 바람잡이 같이 생긴 자를 필두로 단원들이 총동원되어 홍보전을 벌리며 동네방네를 휩쓸고 다녔더랬다. 그때, 하늘에 울려 퍼지는 트럼펫 소리와 마이크를 통해서 흘러나오는 변사의 목소리는 왜 그리도 마음을 들뜨게 하던지, 그럴 때마다 둥둥둥 마음이 한 살 급해져 땡전 한 푼 없는 주제들이 떼를 지어 읍내를 향하여 정신없이 달리고 또 달렸다.

축제란 순수한 우리말 표현으로 굿이라 칭한다. 설렘이 하나가 되는 일종의 페스티벌 같은 것. 1960년대 초, 오일장이 서는 날이면 나타나는 각종 굿판 또한 얼마나 마음을 설레게 하던가. 예나 지금이나 사람의 인심이 묻어나는 장터. 내 고향 그곳에는 항상 두 사람의 단골 약장수들이 진을 치고 있었다. 한쪽

바지를 무릎까지 말아 올리고 쉴새 없이 주절거리던 얼뱅이 기만이. 굿판 언저리를 배돌며 눈은 항상 허공에 떠있고 입언저리는 알 수 없는 미소를 흘리며 동냥 바가지를 엎어놓고 장단을 맞추던 유치댁이라는 중년 여인. 이들과 합세하여 북과 발목을 줄로 연결하여 사람이 움직일 때마다 쿵당 쿵쿵 절로 북소리를 내며 흥을 돋우던 '동동 구르므' 장수의 걸쭉한 입담과, 출처를 알 수 없는 약상자를 들고 나와 그 약을 안 먹으면 금방 며칠 후 죽을 것처럼 외쳐대다 어느 틈엔가 노래와 춤판까지 벌리는 약장수들의 대행진. 대보름이나 단오절 설날이면 줄다리기, 다리밟기, 지신밟기, 씨름, 윷놀이를 펼치면서 이웃 간의 진득한 정을 쌓던 그 아름다운 풍경을 어찌 잊을 수 있으랴. 아마 이것들이 밑거름이 되어 나중에는 지역 축제로 점점 발돋움하지 않았음인가.

'축제'. 두근두근 설렘을 안고 온갖 몸짓으로 전달하는 언어의 미학. 악기로 구걸 행세를 하던 풍각쟁이, 세상을 질타하는 각설이 타령, 가설극장 공연 무대에서 아슬아슬 외줄을 타며 공중 곡예를 하던 앳된 소녀의 가냘픈 미소와 묘기 대행진에 빠져서는 안 되는 곱추 아저씨. 조롱과 익살이 난무하는 굿판 속 주인공들의 몸짓 하나하나에는 숨은 언어가 있었다. 아니 차마 못다한 한과 혼이 서려 있었다. 그로부터 30여 년 후 민선 지방 자치 시대가 열리면서 이 같은 굿판이 관광 상품화되어 각 지역적으로 열리는 축제가 천 여 가지에 이른다고 한다. 특히 광주에서는 해마다 충장 축제가 지역민들을 오늘처럼 둥둥거리게 하는 알 수 없는 힘을 가지고 있고, 5.18 민주화 혁명을 세대 간에 꾸준히 기억하고 되새기자는 의미로 개최되는 청소년 중심으로 이뤄진 레드 페스티벌 등이 있다. 그러므로 이런 굿판의 의미는 지역 간의 경험을 보유하고 특별한 역사적 사건이나 아픔을 세대 간에 이어가면서 각 지역들이 보유한 유형 무형적 자원의 가치를 지속적으로 전달하는 매개자 역할을 다하고자 함에 있을 것이다.

한바탕 굿판에서 뒹굴다가 이제는 집으로 돌아가야 할 시간. 스스로에게 묻는다. '대저 나의 혈관 어디에 이런 광대의 피가 흐르며, 내 마음 어디에 바람의 넋이 시도 때도 없이 살랑거리는지…. 누구의 말대로 이미 늙어버린 몸뚱이 안에 아직도 열일곱 살 처녀가 살고 있음인가. 몸이 쇠락해지면 마음도 그 속도를 따라가야 한다는데 이렇듯 흥에 취하고 때론 인정에 녹아서 보통의 둘레를 훌쩍 뛰어넘어 온 시간들. 그러나 낸들 어쩌랴. 어쩔 수 없는 성품이고 기질인 것을.'

오늘 죽을 듯이 힘겨워했던 시간들을 벗어나게 하신 그분은 나지막한 음성으로 나를 다독이신다. '애야, 아직은 그래도 젊은이 못지 않은 혈기와 정열이 꿈틀거리노니 두려워 말거라,'

만 원의 행복

지독한 무더위가 기승을 부립니다. 온 대지가 설설 끓어 지열이 온 몸을 휘어감습니다. 숨이 헉헉거려 더 이상 걸을 수도 서 있을 수도 없어 땀을 훔치면서 사방을 두리번거립니다. 마침 맞은 편에 아이스크림 가게가 눈에 띄었습니다. 단번에 길을 건너 가게에 들어가 '누가바' 막대 아이스크림 두 개를 샀습니다. 하나는 집에 있는 남편의 몫입니다. 눈치 체면 볼 것 없이 입에 물고 더위를 막 삭히려는 찰나 폐지를 가득 채운 리어카를 끌고 오르막길을 올라오는 할머니가 보입니다. 굽어진 몸뚱이는 거의 땅에 닿을 듯합니다. 순간 할머니를 부르며 잰걸음으로 다가갔습니다. 그리고 여분의 아이스크림을 내밀었습니다. 내가 먼

저 아이스크림을 입으로 가져가며 찡긋 신호를 하니 고맙다는 듯 할머니의 나부작한 입이 벌어지면서 눈이 초생달처럼 감아집니다. 그리고 우리는 하나가 되어 할머니는 앞에서 리어카를 끌면서 입을 축이고 나는 뒤에서 요령껏 벌름벌름 입맛을 다시며 수레를 밀고 갑니다.

나는 물었습니다.

"할머니, 이렇게 한 리어카를 싣고 가면 얼마 정도 받습니까?"

"요즈음은 폐지 값이 똥값이여, 하루 종일 종종거려도 4천원 받기가 힘들어."

갈라진 목소리가 뜨겁게 달궈진 골목길을 휘어 돌며 아스라이 멀어집니다.

마침 언덕배기 나무 아래 정자가 있어 우리는 그곳에 잠깐 몸을 부렸습니다. 골골이 패이다 못해 살갗이 이리저리 밀리는 할머니의 모습에 목젖이 따갑습니다. 비상용으로 가지고 다닌 아마사탕을 입에 넣어 주면서 조심스럽게 할머니의 근황을 묻습니다. 열다섯 살 먹은 손자와 단 둘이 산답니다. 제법 잘나가던 아들의 사업이 파산에 이르니 며느리는 가출해 버렸고 결국 떡애기였던 손자 녀석은 할머니 차지가 되었습니다. 아이 아빠는 폐인이 되어 부랑아처럼 떠돌다 가끔씩 나타나 행패를 부리다 종적을 감춘다고 합니다. 그 때부터 할머니의 인생 여정은 가시밭길이었습니다. 어린 손자를 등에 업고 호떡장수, 노점상 할 것 없이 닥치는 대로 일을 하며 살아온 세월을 생각하면 아득하다는 듯 먼 하늘을 바라보며 한숨을 쉽니다. 한참 크는 손자 녀석 뒷바라지 때문에 지금까지 한시반시 놀 틈이 없다는 것입니다. 그런데 이제는 기력이 쇠해져 일거리도 없어지고 하루에 단 돈 몇 천원이라도 벌겠다고 이렇듯 기를 쓰는데도 몸이 말을 안 듣는다며 씁쓸하게 웃습니다. 한 달에 기십만 원 나오는 노령 연금으로는 손자 용돈은 물론 입에 풀칠도 못한다는 힘없는 넋두리가 가슴을 칩니다.

나는 할머니 이름과 주소 가족 사항을 메모하여 지갑에 넣습니다. 당장이라도 동사무소에 들려 왜 이런 분이 생활보호 대상자가 안 되는지 누구를 위한 복지이며 서민을 위한 갖가지 혜택은 어떤 사람이 받고 있는지 묻고 싶었습니다. 할머니의 말씀은 현재 아무런 능력이 없는 아들이 서류상 가족으로 등재되어 있는 이상 혜택을 받기가 어렵다는데 복지 사각지대에 놓여있는 일련의 사연들을 알아보기 위해서입니다.

웬만큼 숨을 돌렸으니 또 폐지를 마저 더 주워야 한다며 힘겹게 일어서는 할머니에게 나는 파란 지폐 한 장을 쥐어 주면서 단속을 합니다.

"할머니, 이 삼복더위에 지치면 쓰러져요. 쓰러지면 손자 녀석 누가 챙겨? 이 돈이 이틀간 폐지 값이라 생각하고 집에서 푹 쉬셔요."

나는 억지로 할머니의 손목을 잡고 약속의 표시로 엄지손가락을 맞대며 너스레를 떱니다.

사랑은 따뜻한 온기입니다. 언 손 잡아주는 따뜻한 손길. 그리고 가슴에서 불어오는 찬바람을 막아주는 위로의 말 한마디가 그리운 세상입니다. 힘없고 아픈 약자에게 등 기댈 의자 하나 권하는 배려가 아쉬운 요즈음, 내가 가진 아주 작은 것이라도 이웃과 나눈다는 것은 얼마나 소중한 가치입니까? 요즘 TV에서 "사람은 돈의 크기가 아니라 마음의 크기"라며 홍보하는 어느 배우의 코믹한 연기가 가슴에 와닿습니다.

나는 오늘 단 돈 만 원으로 행복을 샀습니다. 요즈음 밥 한 끼 사 먹을 돈도 안 됩니다. 그러나 가슴에 훈훈한 바람이 일며 부끄럽지만 참으로 흐뭇하고 좋습니다. 부디 할머니가 이틀 간 편히 쉴 수 있었으면 좋겠습니다.

생고집이 사람 잡는다

'우당탕!'

순식간의 일이었다. 천둥 번개가 번쩍이면서 하늘을 뒤덮는 소리. 아니 늙은 황소 한 마리가 거꾸러지면서 어딘가에 부딪쳐 작살나는 바로 그 소리였다.

"웬소리야, 이봐 문 좀 열어봐."

남편은 잠긴 문고리를 뒤틀면서 다급하게 외쳐대는데 도무지 일어날 수가 없었다. 그 정신에도 발가벗은 채로는 더더욱 아니었다. 한참을 그대로 엎어져 씨근덕거리다가 가까스로 옷을 걸치고 문을 열었다. 그리고 별일이 아니라는 듯 천연덕스럽게 애매한 미소까지 흘리면서

“욕조에서 나오다 그만 발이 걸려 넘어졌는데 워낙 등치가 커서 소리가 요란했을 뿐”이라며 애써 얼버무렸다. 위 아래를 샅샅이 훑어본 그는 그래도 일단 병원으로 가야 한다며 채비를 서두르는 바람에 순간 속이 확 뒤틀렸다. ‘그깟 좀 넘어지는 것을 갖고 왜 저리 호들갑을 떨까. 병원이라면 지긋지긋 신물이 나는 사람한테….’ 나는 한사코 손사래를 치며 고집을 피웠다.

그것이 화근이었다. 밤새 이가 쏙쏙 거리고 귀까지 씀벅거리며 머리가 띵했다. 머리를 만져보니 말랑말랑 터지기 직전의 혹이 하나 붙어있었다. 아침에 눈을 떠 움직이려 하니 웬걸 몸뚱이마저 천근만근이다. 그래도 뱃심 좋게 이틀을 견뎠다. 그러나 시간이 흐를수록 아린 이 때문에 제 정신이 아니었다. 그렇잖아도 진즉부터 예약이 된 성남에서 사위가 운영하는 치과 병원에 갈 참이었다. 마침 다른 치아까지 고장이 난 것 같아 겸사겸사 그 이튿날 그의 만류를 뿌리치고 통 크게 길을 나섰다.

사위는 “생니가 뿌리째 흔들릴 정도로 어디에 부딪친 것 아니냐?”며 의아한 눈길로 나를 쳐다보았다. 그리고 그 이를 먼저 뺐다. 주위가 부어있으니 이틀 후에 예정된 다른 이를 심기로 하고 막간을 이용해 서울 셋째 집을 방문했다. 점심을 맛있게 먹고 한숨 자고 일어나려는데 갑자기 다리에 쥐가 나면서 마른 장작개비 마냥 뻣뻣한 채로 통증이 계속되었다. 거의 삼십 분간을 비명을 지르다 결국은 혼수상태로 병원에 실려갔다.

검사 결과 척추에 금이 갔으니 빨리 입원 절차를 밟으라고 했다. 엎친 데 덮친 격이었다. 이미 다른 병명으로 치료 중인 병원들은 어찌하며, 혼자 있을 남편을 생각하니 그럴 수는 없었다. 특히나 자기들 일도 건사하기에 한창 바쁜 서울 사는 자식들에게 짐이 되고 싶지 않았다. 지방에서 올라 왔으니 타협해서 다시 오겠다며 응급 처치를 받고 서둘러 병원 문을 나섰다. 그리고 그 상태로 광주로 이동하였으나 만신창이가 된 이 몸을 어쩌랴. '생고집이 사람 잡는다.'더니 애초에 병원부터 가보자는 그의 말을 왜 그리 경솔하게 탈탈 털었을까. 그것이 문제였다.

바로 입원을 서둘렀다. 척추 12번이 금이 가서 수술하기도 애매하고 허리 복대를 찰 위치도 아니라고 했다. 대신 상반신 전체를 못 움직이게 무슨 방탄복 같은 조끼를 입혀 주면서 될 수 있으면 3개월 정도를 이 조끼를 입고 반듯이 누워 천장만 쳐다보고 있어야만 자연적으로 금간 곳이 붙는다는 것이다. 억장이 무너졌다. 머지않아 더위가 기승을 부릴 터인데 이 일을 어쩌나, 무릎 치료와, 거의 일 년 전부터 습진으로 가려움증에 시달리고 있는 중인데 그 상황에 바람구멍이라고는 찾을 수 없는 저 두툼한 조끼를 입고 옆으로도 누워 있지도 말고 반듯이만 누워 있는 것이 최선의 치료 비법이라니 이런 형벌이 어디 있을까. '대저 살면서 무슨 잘못을 그리 많이 했기에 내게 이런 시련을 주시는 것일까.' 괜한 노여움에 눈물을 글썽이며 시울거리다 다시 마음을 다잡는다. '그래, 죽을병이 아닌 것에 감사하며 최선을 다하자. 시간이 가면 해결이 되겠지.' 스스로를 위로하며 마음을 다스리려 애를 썼다.

그로부터 3개월간을 입퇴원을 거듭하며 세 곳의 병원을 들락거렸다. 병마에 오래 시달리다 보니 생각과는 달리 점점 사람이 변하기 시작하는데 속수무책이었다. 순간 광폭해지고, 순간 서러워서 속울음을 짜며 하루하루가 지옥이었다. 그러다 점점 말이 없어지기 시작하였다. 그리고 엉뚱한 짓을 하였다. 우선 불안했다. 한밤중에 벌떡 일어나 잠옷 바람으로 현관문을 밀치고 나가는데 어디서 그런 힘이 솟았던 것일까. 쪽잠을 자며 대기하고 있던 그이가 쫓아와 실랑이를 벌이다가 결국은 못 이기고 그의 팔에 의지한 채 집 주위를 맴돌기를 몇 차례, 마치 풍랑에 휩쓸린 배처럼 정신적으로 침몰 직전에 이르렀던 모양이다. 생각다 못한 그가 마지막으로 데리고 간 곳은 정신의학과 전문 병원이었다. 사람의 마음을 다스리는 데 탁월한 능력을 갖춘 의사는 환자를 아기 다루듯하며 꽤 오랜 시간을 상담을 하다가 잠깐 나를 나가 있게 하고 그이를 불러 들였다. 그리고 얼마 후 우리 두 사람을 앉혀놓고 진단 결과를 '우울증'이라며 조심스럽게 말했다. "듣건데 꽤 활동적인 분인 것 같은데 갑자기 옴짝달싹 못하고 천장만 쳐다보고 있으려니 기가 막혔을 것이며 그냥 누워만 있는 것이 아니라 이 무더운 날에 상반신을 옥죄이고 그 가려움증을 참으려니 얼마나 힘들었을까, 벌겋게 핏발이 선 환자 몸을 살펴보니 나라도 돌지 않을 수가 없었겠다."며 마치 당신의 일인 냥 나를 따뜻한 말로 어루만져 주었다. 그 순간 설움이 터져 마냥 훌쩍거리는데 그가 덩달아 눈물을 훔치며 '울지마, 미안해'를 연발하면서 내 등을 토닥였다. 그런데 왜 자기가 미안하다는 것일까. 아리송한 그 말이 자꾸만 머리에서 뱅뱅거렸지만 이 상황에 그게 무슨 대수이랴. 이제는 마모가 될 대로 돼버린 늙은 삭신. 어느 종합병원 원로 의사의 말씀대로 '이제는 서두르지도 말고 우울해 하지도 말며 갖가지 병을 동무삼아 선아선아 가는 길만이 최선이리라.'

'아, 인생 한낱 바람에 흩날리는 검불이로다.'

황혼의 엘레지

요즈음 그는 평소에 잘 들어보지 못한 말들을 밥 먹듯이 술술 잘도 풀어낸다.

그때마다 낯간지러워 빤히 쳐다보다가 피식 웃으면서 고개를 돌리지만 사실 그리 싫지는 않다. 그는 "여보, 오늘도 사랑해!"를 시작으로 아침을 연다. 그리고 다리를 주물러 주면서 또 공자님 같은 말씀이 시작된다.

어느 책에서 읽었는데 "이승에서의 인연은 사람마다 서로 다르지만 그 중에서도 전생과 금생 그리고 내생에까지 인연이 지극하여 끊어질 수 없는 사이를 삼생三生 연분, 즉 부부라고 한다."며 증언부언 하더니 사는 날까지 우리 오래오래 이렇게 알

콩닥콩 함께 살자며 너스레를 떤다.

청춘은 이미 물 건너 가버렸는데 늘그막에 찾아온 사랑 타령이라니, 그리고 '미안해!', '고마워!', '사랑해!' 라는 말을 달고 사는데 이제야 그 말들 뒤에 숨어 있는 아픈 사연들을 이해할 수 있었다.

미안해

그가 초등학교 6학년 때의 일이었다. 하교하여 집 근처 골목길에 접어드는데 어머니를 부르며 울부짖는 식구들의 목소리가 담장을 넘어왔단다. 뛰어가 방문을 열어보니 엄마는 핏물이 흥건히 고인 자리에 쓰러져 있었고 세숫대야와 수건들이 널부러져 있었다. 너무 놀라서 꼼짝도 못하고 떨고 있는데, 엄마가 아기를 낳다가 돌아가셨다며 큰누나가 그를 안고 목 놓아 울었다고 한다. 삼일장으로 상여가 떠나려고 하는 날이 공교롭게도 중학교 입시를 보는 날이었다. 누나가 앞닫이에서 공책과 연필과 지우개 등을 담은 작은 보자기를 꺼내 주면서 "엄마가 너 중학교 시험 보러 갈 때 주려고 사 둔 학용품이다. 어서 가서 시험 잘 보고 오라."며 등을 떠밀더란다. 이승에서의 마지막을 고하는 상두꾼의 선소리가 구슬프게 울려 퍼지는데 그는 시험을 보러 가야만 했다. 그는 울면서 사립문을 나오다 말고 텁석 주저앉아 발을 부비며 "하루만 더 살다 가지, 엄마!"를 외치며 통곡을 했더란다.

그 아이가 커서 장가를 갔다. 그 아내는 엄마 없는 세상이 얼마나 고달팠을까를 상상하며 무슨 말이 됐든 다 들어주고 온갖 투정을 다 받아 주었다. 그런 아내가 요즘 들어 너무 아프니 그 원인이 다 자기한테 있다며 가슴을 쳤다. 어느 날 병상에서 힘들어하는 나를 보며 "당신이 이렇게 아픈 데는 내 탓이 큰 것 같아. 내가 당신에게 당신을 어머니인 양, 마누라인 양 오만 투정 다부리고 여태까지 살았으니 오직 그 스트레스가 쌓이고 쌓였을까. 미안해, 정말 미안해!"

그는 평소에 표현하지 못한 가슴 저린 사연을 더듬거리며 하염없이 눈물을 흘렸다.

고마워

몸 상태가 최악이었다. 날로 번져가는 가려움증으로 밤을 꼬박 새우는 날이 다반사였다. 한 번 상처난 부위를 긁기 시작하면 피가 나야 비로소 손을 멈추는 기막힌 이 현상. 더욱이 머릿속까지 덕지덕지 부스럼이 일어나 염색도 파마도 못할 처지이니 그 몰골이 어떻겠는가. 거울 속에 비추는 모습이 가관이다. 이제는 정신까지 피폐해지다 보니 그의 눈에 옛날의 마누라가 아니었을 것이다. 처연히 바라다보는 그이 눈빛이 그날따라 애틋하고 애처롭다고 느꼈다. 그때 그는 절망의 상태였다고 했다. 날로 힘들어지는 병세, '저러다가 혹시 떠나버리면 나는 어떻게 살까? 다른 곳으로 이사를 가야할까? 아니면 눈 딱 감고 함께 가버릴까?'도 생각했단다.

눕혀 놓으면 일어나고 싶다 하고 가까스로 일으켜 놓으면 금방 눕혀 달라니 어느 장단에 춤을 출까. 생각다 못해 그는 정신의학과 병원을 데리고 갔다. 한참 면담을 한 의사는 나를 잠깐 내보내고 남편을 들어오라고 하더니 얼마 후 우리 두 사람을 함께 불러 놓고 진단 결과 '우울증'이라고 하였다. "들어보니 평소에 꽤나 활동적인 환자인 것 같은데 온 몸은 가렵지, 손발이 다 묶인 채로 천장만 쳐다보고 있으라니 그 누구라도 생병이 나겠다."며 상당히 긍정적인 말로 위로하였다. 그리고 이 병을 이기려면 부부가 함께 피나는 노력을 해야 한다며 어떻게 해서든 완치를 시키겠으니 나만 믿고 두 분이 잘 따라오기만 하면 된다며 명쾌하게 용기를 주었다. 불끈 힘이 솟았다. 그는 금세 확 달라진 내 얼굴을 쳐다보며 '고마워, 고마워!'를 연발하며 내 손을 꼬옥 잡았다.

사랑해

요즈음 그는 사랑에 한이 맺힌 사람처럼 자고 새면 사랑 타령이다. 그와 사십 여 년을 해로하였지만 사랑에 '사'자를 아프기 전에는 들어본 기억이 별로 없다.

지극히 유교적인 가정에서 태어나 그 풍습대로 익히며 살았을 터. 남자는 부엌 쪽에 고개만 돌려도 어른들의 따가운 눈총을 받았다고 한다. 그 가풍대로 그는 깐깐하고 조심스럽고 유아독존적인 사고방식에 갇혀 살았었다. 그런 그가 어느 날 '사랑해!'를 모기 만한 소리로 어물거리더니 이제는 길이 났는지 너무나 자연스럽게 노래하듯 경쾌하게 읊어댄다.

"여보, 오늘도 사랑해!"

"여보, 조심해서 다녀 와 사랑해!"

"아파도 사랑해. 여보!"

오늘도 그는 하트를 그리며 사랑, 사랑을 노래한다. 스스로 우러난 제스처인지 아니면 의사의 주문이었든지 간에 죽도록 아파서 얻은 옹골진 사랑의 노래. 그럴 때 "나도 사랑해!"로 화답을 하면 오죽이나 좋을까만 차마 그 간지러운 말이 안 나와 실실 미소를 코맹맹이 소리로 마지못해 "알았어!"를 겨우 하면서도 얼굴이 후끈 달아오른다.

인생의 황혼길. 그러나 지금 현재가 가장 빛나는 황금기라 하였으니, 여생을 이 다정남의 닭살 돋게 하는 말들의 향연을 즐기며 병치레와 동무 삼아 조심조심 앞만 보고 걸어가야지.

6부

이스라엘 성지 순례기

주님, 제가 여기 왔나이다

구원의 역사 속으로

추억의 강 갈릴래아

세계 최초의 도시 예리코

타볼산에 오르며

그대 다시 태어나라 하시기에

나의 수호천사 요셉과 스테파노

십자가의 길과 주님 무덤 성당

베들레헴과 주변 성지

겟세마네동산에 오르며

통곡의 벽

천년 고도의 땅 예루살렘

첫 번째 이야기

주님, 제가 여기 왔나이다

주님.

정말 가고 싶습니다. 꼭 가서 당신의 발자취를 따라 정처 없이 떠돌며 그 속에 머물고 싶습니다. 당신 발자취 따라 안 가면 다시 생병이 날 것 같은 간절함으로 이 불쌍한 종은 날마다 당신을 부르며 통사정을 합니다.

"주님, 제발 저의 기도를 들어 주소서. 그곳에 발만 내딛어도 내 영혼과 육신이 금방 새살이 돋아날 것만 같습니다. 지금이 내 생의 마지막 기회라 생각하니 마음이 한껏 급해짐을 어찌합니까. 도와주소서 주님!"

마치 젖을 달라 보채는 어린아이처럼 막무가내 떼를 쓰는 내가 당신 보시기에 안 되었던지, 어느 날 뜻밖의 응답이 저의 장부長夫를 통해서 왔습니다.

"꼭 가야겠어, 그 몸으로?"

고개를 힘없이 끄덕이며 애먼 손톱 끝만 파고 있는 내게 그는 비장한 목소리로 한 말씀 던집니다.

"그래, 그렇게 꼭 가야겠다면 다녀오시게, 한 번 죽지 두 번 죽나 뭘…. 대신 내일부터 당장 내가 하자는 대로 가벼운 트레이닝부터 시작합시다." 이럴 수가, 단칼에 베어버릴 듯 엊그제까지만 해도 그리도 단호하던 그 결기는 어디로 가고 체념한 듯 받아들이는 모습이라니, 그때 언뜻 그의 얼굴에서 주님, 당신을 보았습니다. 나도 모르게 꾸벅꾸벅 머리를 조아리며 몇 번이고 고마움을 표시했습니다. 아무튼 신바람이 났습니다. 누렇게 뜬 혈색에 생기가 돌고 한쪽 발을 겅중거리며 걷기 연습을 하는가 하면 허리 디스크 3, 4, 5번 부위에 근육 강화를 위해 매 주마다 무려 열여섯 방의 주사바늘을 꽂았습니다. 그뿐인가요, 온몸을 비틀고 주무르며 두드리는 도수 치료, 신부전증의 원흉인 방광염 치료 등등. 매사에 꼼꼼하기로 소문난 트레이너 지시대로 움직이는 나날이었습니다.

그런데 모처럼 산을 하나 넘고 나니 더 큰 악산이 내 앞을 가로막았습니다. 모두들 서울 살이를 하는 4남매가 이구동성으로 연타를 날립니다. 이럴 줄 알고 극비에 부쳤건만 떠나기 전날이야 차마 어쩌랴 싶어 엄마의 행보를 알린 모양입니다. 애들은 가지 마시라 사정을 했다가 협박을 해봐도 듣지 않으니 막판에는 그에게 원망의 화살들이 꽂힙니다. 병원에서 퇴원한 지 얼마나 됐다고 이런 무모한 결단을 내리셨느냐, 평소에 조그만 일에도 엄마를 닦달도 잘 하시더니만 아직은 환자인데 어쩌자고 그 먼 곳, 총성이 오가는 아랍권 지역까지 보낼 생각을 하셨냐는 둥, 그 무성한 말들을 제압하기 위해 그는 특유의 단호함으로 일축합니다.

"나도 나중에 후회하지 않으려고 고심 끝에 내린 결단이다, 시끄러들!"

이런 악조건 속에서 기어코 당신을 찾아 나서는 이 무모함을 무슨 말로 대신 하리까, 주님.

만에 하나 식구들의 만류에도 아랑곳하지 않고 떠났다가 행여 무슨 일이라도 생기면 어쩔 것이며, 특히 함께 간 일행들에게 폐를 끼치면 어쩌나 걱정이 태산이었습니다.

그러나 구구절절한 사연들을 뒤로하고 기어코 나는 당신을 찾아 나섰습니다, 마치 전장에 나간 용사처럼 몸과 마음을 비장한 각오로 무장하고 비행기 트랩을 밟았습니다.

주님, 시방 이곳은 하느님의 역사가 살아 움직이는 땅 이스라엘, 나자렛 마을에 여장을 풀었습니다. 그리고 이 밤. 마음을 모아 주님께 곡진한 감사의 기도를 올립니다.

'주님 감사합니다. 너덜너덜 찢기고 상처 난 이 육신을 일으켜 세우시어 이곳에 머물게 하신 주님, 간절히 원하면 이루어진다는 그 말씀을 실감합니다. 이 땅은 주님께서 불러 주셔야만 오는 곳이라는데 기꺼이 초대해 주신 당신이 있었기에 오늘 제가 여기에 와 있음을 고백합니다. 주님, 제가 여기 왔나이다.'

두 번째 이야기

구원의 역사 속으로

12시간의 비행 끝에 착륙한 텔아비브 공항에서 다시 버스로 40여 분을 이동하여 드디어 나자렛 마을에 입성했다. 요셉과 마리아와 아기예수님과 함께 성가정을 이루며 살았다는 역사의 현장에 서 있노라니 새삼 감회가 새롭다. 오늘의 순례 일정은 칼멘 산과 카르멜 수도원, 주님 탄생 예고 성당과, 성모 영보 성당, 카나 마을 혼인 잔치 성당 등을 둘러 볼 예정이다.

먼저 칼멘 산으로 가는 길에 성부와 성자와 성령을 의미한다는 세 잎을 가진 아나스타시아 꽃들이 색색으로 흐드러지게 피어있어 지나가는 길손을 반기었다. 한참을 오르니 칼멜 산꼭대기에 '불의 제단'이라 불리는 카르멜 수도원이 자리잡고 있었다. 수도원 마당 정면에 바알 신을 섬기는 예언자를 칼로 치는 엘리야 조각상이 자리를 지키고 있고, 수도원 옥상 위에서 바라다본 이즈르엘 평원과 아스라이 펼쳐진 사마리아 산지와 지중해와 산들로 둘러싸인 조망권이 맑은 날씨에는 환상적이라며 가이드는 열변을 토했다. 과연 전설의 고향처럼 알 수 없는 영감을 불러일으켰다. 그리고 가브리엘 천사가 예수의 잉태를 알렸던 '주님 탄생 예고 성당'과 성모 영보 성당이 그 건물 안에 함께 있어 많은 생각에 잠기게 했다. 우리는 이층으로 올라가 미사를 드렸다. 특히 아이를 수태하지 못해 수십 년 동안 시름에 잠겨 있는 내 지인의 아들 내외를 위하여 촛불을 켜며 성모님께 두 손을 모았다.

사위를 둘러본다. 그리고 나는 지금 타임머신을 타고 이천 년 전 구원의 역사가 시작된 산골짜기 나자렛 마을을 거닐고 있다. 허물어져 뼈대만 간신히 붙들고 있는 옛 터전에 바람이 인다. 돌기둥과 돌 조각들이 비바람 모진 풍상에 시달린 흔적이 마음을 여미게 한다.

오늘의 하일라이트는 카나 마을 혼인 잔치 성당에서 혼인 갱신 식을 할 예정이었다. 그런데 마침 다른 파트에서 이미 성당을 사용 중이었기에 성당 바로 옆 초막에서 식을 거행하였다.

일행 중 여섯 쌍의 부부가 신부님의 주례로 새 부부로 탄생했다. 얼굴에 홍조를 띠고 서로를 바라보는 눈빛이 아름답기도 했지만 사실 그들이 무척 부러웠다. 혼인 갱신 증명서를 손에 들고 수줍게 웃고 있는 저들 부부에게 하느님의 은총이 함께하길 기원하면서 성가를 열창하였다. 그때 문득 집에 있는 장부의 얼굴이 눈앞에 어른거렸다. 야속한 사람, 강산이 몇 번 바뀌도록 쉼 없이 묵주 알을 굴리며 말없이 기다린 세월이 그 얼마인가. 불러도 불러도, 제아무리 불러 봐도 메아리로 돌아오는 내 님을 위해 가슴에 손을 얹고 간절한 기도를 올렸다. '주님, 어서 오시어 저 가엾은 양을 구원하소서. 성모 어머니, 저 목석같은 가슴을 사랑의 불길로 녹이시어 당신의 치마폭에 감싸 안아 주소서. 아멘!'

나는 오늘 말씀이 사람이 되신 역사의 현장에서 벅차오르는 감정을 주체하기가 좀 힘들었다. 요셉과 마리아와 아기예수님이 성가정을 이루며 살았다는 집터 위에 세워진 성가정 성당, 가브리엘 천사가 마리아를 방문하여 주님 탄생 예고를 알렸다는 주님 탄생 예고 성당, 그리고 마리아가 수태 소식을 받아들였다는 성모 영보 성당, 예수께서 공생활 중에 희년을 선포하였다는 시나고그 성당. 물을 포도주로 변화시킨 기적을 행하신 카나 마을 혼인 잔치 기념 성당 등을 순례함에 가는 곳마다 가슴이 요동을 쳤다. 이렇게 좋을 수가!

세 번째 이야기

추억의 강 갈릴래아

해가 서산에 설핏거릴 때 쯤 갈릴래아에 도착했다.

숙소 앞에는 부캠베리아 꽃처럼 보이는 꽃나무들이 마치 우리 일행들을 환영이라도 하듯 진홍색 꽃가지를 흔들며 해살해살 웃고 있었다.

숙소에 대강 짐을 풀고 창문을 열었더니 유리창으로 내비치는 갈릴리 호수는 순간 나를 황홀경에 빠져들게 하였다. 이럴 수가. 나도 모르게 호수가로 뛰쳐나갔다. 그리고 서슴없이 바지를 걷어올리고 맨발로 물 위를 걸어 들어갔다. 이때만큼은 발목의 통증도 사라진 듯 가픈거렸다. 물을 한움큼 손바닥으로 떠

입에 대었다. 사르르 횟배 도는 것처럼 물맛이 온 몸으로 퍼졌다. 울컥, 알 수 없는 눈물이 그렁거려 지그시 목젖을 눌렀다. 그리고 간절히 기도드렸다. '주님, 저 여기 왔습니다. 당신께서 그 많은 병자들을 고쳐주시고 어루만져주신 이곳에서 이 물에 입을 적시고 제 발을 담급니다. 제자들을 향해 물위를 걸어오신 기적을 행하신 것처럼 주님. 그렇게 저희에게 오소서….'

잠깐의 흥분을 가라앉히고 이방의 하늘을 쳐다본다. 아, 어인 일인가 아직도 해는 서산에 걸려있는데 하늘에 둥근 달이 둥둥 떠 있으니……. 해넘이 직전 갈릴리 호수의 달빛이 참으로 요요롭다. 호수에 비치는 달빛이 온통 황금색으로 물들어 끝없이 펼쳐진 골란 고원과 호수 물을 함께 껴안으며 잔잔한 물결에 흔들리는 모습이라니. 나도 모르게 성가 2번 '주 하느님 크시도다'를 흥얼거렸다.

이튿날 일정에 따라 예수님께서 산상 수훈을 가르쳤던 행복선언 성당을 비롯하여 베드로 장모님 집터 위에 세워진 가파르나움 성당 게라사 국립공원과 모든 것을 버리고 주님을 따랐다는 벳사이다와 쿠르시 유적지와 오병이어 성당, 예수님께서 승천하시기 전 모든 수위권을 주신 베드로 수위권 성당 등을 순례하고 마지막 일정으로 보트를 타고 갈릴리 호수를 항해하는 호사를 누릴 차례다. 보트에 승선하자 의외로 우리나라 국기를 붙들고 서 있는 늙수레한 외국 선원의 모습이 자못 궁금증을 자아냈다. 조금 후 뜻밖에 확성기를 통해 애국가 연주가 이스라엘 땅 갈릴리 호수 위에 울려 퍼지면서 태극기가 서서히 올라갔다. 누구라 할 것 없이 모두 일어나 국기를 향하여 가슴에 손을 얹고 애국가를 불렀다. 가슴 메인 절절함과 강인한 힘과 긍지가 뿔끈거렸다. 숙연한 얼굴로 고개를 숙이며 눈시울을 붉히는 우리 모두는 오늘 만큼은 나라를 위해 몸 바칠 애국자가 되어 지금 갈릴리 호수 한가운데를 쌩쌩 달리고 있는 중이다.

네 번째 이야기

세계 최초의 도시 예리코

오늘은 갈릴래아 호수 쪽에서 남쪽의 예리코 지역으로 내려갈 예정이다.

말씀으로만 접했던 지상에서 가장 오래된 도시라는 예리코. 예수님께서 바르티메오라는 소경의 눈을 뜨게 하시고 자케오라는 세관장의 믿음을 보시고 그 집에서 하루를 머물렀다는 곳. 문명의 중심지이며 많은 유적들이 발굴된 이곳에 발을 딛게 되었으니 이 어인 횡재인가.

'유대 광야와 타볼 산이 있고 요르단 강이 있으며 사해 바다와 꿈란 공동체 유적지와 자캐오의 돌, 무화과 나무, 유혹의 산과

베타니아와 나자로 기념 성당과 그의 무덤이 있는 순례지를 이틀에 거쳐 탐방을 한다고 하니 그 빡빡한 일정을 무슨 수로 소화해 낼 것인가? 특히 유대 광야 길을 걸어야 한다는데 과연 이 발로 그 사막 길을 걸을 수 있을까? 아예 포기하고 타고 온 버스 안에 앉아 먼 발치에서 눈으로만 걸을까?' 머리가 질끈거렸다. 그러다가 마음을 추스린다. '에라 모르겠다. 당신과 함께 가지나 혼자 가나,' 이렇게 모든 것을 그분께 맡기고 나니 한결 마음이 편안해지면서 머릿속이 개운해진다.

오전에 에리코 지역 주변에 있는 성지를 둘러보고 점심 후 예루살렘으로 출발하기 전 어느 찻집에서의 일이다. 신부님께서 시간이 여유가 좀 있었던지 각자 순례하면서 느낀 점을 나눠 보라신다. 정말 한 사람 한 사람 진솔하게 소감들을 피력했다. 몇몇 자매님은 울먹이면서까지 마음속 이야기들을 털어 놓았다. 그러나 나는 일어서면 말이 길어질 것 같았다. 까닥하면 나잇살이나 먹은 노인네의 주책없는 말들이 튀어 나올까 봐 스스로 자제를 해야겠다는 생각이 들었다. 그래서 어디서 들어봄직한 말로 얼버무렸다. "저는 한마디로 정리하렵니다. 왔노라, 보았노라, 그리고 느꼈노라!"고. 모두들 어처구니가 없는지 "와!" 하고 웃음보를 터뜨렸다. 이래서 여행은 즐거운 것일 터.

다섯 번째 이야기

타볼산에 오르며

주님 거룩한 변모 성당에서

타볼산 꼭대기에 지어진 '주님 거룩한 변모 성당'으로 오르는 길은 구불구불 이어지는 좁고 협소한 길이었다. 올리브 재배 지역 이어서 길 양 옆으로 올리브나무가 숲을 이루었다. 아예 산 아래쪽 주차장에 우리가 타고 온 버스를 정차해 두고 미니버스 세 대로 십분 정도 올라갔다.

아침 일찍 타볼산 정기를 받은 주님 거룩한 변모 성당은 무언의 침묵으로 그 위용을 드러내고 있었다. 예수님께서 베드로와 야고보와 요한만을 데리고 높은 이 산에 오르시어 그들 앞에서 하얗게 빛을 발하며 거룩하게 변모하신 모습하며, 그때에 모세와 엘리야가 나타나 예수님과 말씀을 나누시는 모습을 보았으니 얼마나 놀라기도 하고 한편으로는 좋았을까. 오죽 좋았으면 앞뒤도 없이 베드로답게 즉석에서 "주님. 이곳에 초막 셋을 지어 하나는 주님께 하나는 모세께 또 하나는 엘리야께 드리겠습니다." 했을까. 그 현장을 둘러보면서 30여 년 전 내가 처음 주님을 영접한 성당에서의 일들이 주마등처럼 스쳐 지나갔다.

그때는 사십대 초반의 나이, 무서울 것도 두려울 것도 없었다. 자고 새면 성당으로, 산동네로 돌아다니며 본당 활동에 최선을 다 할 때였다. 세월이 한참 흘러 다른 구역으로 이사를 가야했다. 떠나기 며칠 전 그동안 함께했던 이웃 형제자매들이 모여 송별파티를 해 주었다. 정성껏 마련한 음식상 앞에 앉아 도란도란 이야기꽃을 피웠다. 서투른 술잔이 한 순배씩 돌아가면서 미처 못다 한 말들을 토해내며 눈물 반, 웃음 반으로 밤 깊은 줄을 몰랐다.

나는 불콰해진 얼굴로 못내 아쉽고 고마운 속내를 이렇게 대신했다.

"오매, 좋은 거, 참 좋기도 하다. 얼마나 간절한 마음이었으면 베드로가 그랬을까, 주님 저희가 이곳에 초막 셋을 지어…."

나는 그렇게 주님 말씀(마태17:1-5)을 읊조리며 그들과의 아쉬운 별리를 대신했던 지난날의 초상들이 눈앞에 어른거린다. 시방도 이렇듯 새실새실 피어나는 그 옛날의 추억. 어인 일로 오늘 따라 이리도 그리울까.

여섯 번째 이야기

그대 다시 태어나라 하시기에

지도를 펼친다. 헤르몬 산은 레바논과 시리아 국경 근방에 접해있는 샤르키 산맥 최남단에 있는 산으로 지중해 동해안 지방에서 가장 높은 산이다. 요르단 강의 시원은 사철 눈이 녹지 않는다는 이 헤르몬 산에서부터 시작하여 갈릴래아 호수에 모였다가 다시 작은 물줄기를 타고 요르단강을 지나 사해까지 흘러간다. 요르단 강은 지형상 가장 낮은 계곡을 흐르는 강으로 이 강을 경계로 이스라엘과 요르단이 동서로 갈라져 있음을 현지에서 확실히 알았다. 마치 우리나라 38선 이북 임진강을 바라보듯 하여 동병상련의 아픔을 느꼈다. 예수님께서 세례자 요한에게 세례를 받은 곳이 요르단강 건너편 베다니아라고 한다. 헬레나 성녀가 세례자 요한이 살았다는 동굴을 방문해 기념 성당을 세웠다는데 그곳이 바로 예수님 세례 터에 세워져 있는 러시아 정교회의 '예수님 세례 기념 성당'이라고 한다. 그러나 그곳은 강폭이 20미터를 사이에 두고 우리가 건너지 못할 강이었다. 저 강물 건너편에 요르단 군인들의 초소가 보이고 군복을 입은 군인들의 모습이 가끔 산그늘에 어른거렸다. 이 강물이 국경인 셈이다.

성서 시대에 이 지역에는 에돔, 암몬, 모압 이렇게 세 민족이 살았다는데 이스라엘과의 해묵은 갈등은 오늘날까지 이어지고 있다니 이 근동에 하느님의 자비가 함께하시어 부디 평화의 공존 시대를 이루기를 멀리서 찾아온 한 이방인이 두 손을 모아 이렇게 간구한다.

우리가 세례 갱신식을 할 요르단 강물은 의외로 흙탕물이고 마치 개울처럼 왜소했다. 나는 마음속으로 적이 실망스러웠다. '이렇게 강폭도 좁고 물이 탁하다니…….' 그러나 이 강은 성서의 가장 중요한 사건들과 관련이 깊어 이스라엘에서는 의미가 깊은 가장 큰 강이라 불린단다. 예수님께서 이 물로 세례를 받으셨으며, 세례자 요한이 회개하는 죄인들에게 세례를 베푼 곳이기도 하다. 그리고 언약궤를 운반하는 사제들이 이 강을 지나가자 강바닥에 길이 트였다는 기적의 강이기도 하며 구약시대에 많은 사건들이 펼쳐진 곳이기도 하니 말이다.

이제 우리는 이곳에 발을 담그고 신부님의 주례로 세례 갱신식을 거행할 차례다. 왠지 모르게 마음이 가라앉는다. 그리고 자신을 들여다본다. '하느님의 자녀로서 부끄럽지 않은 생을 살았는가, 입으로는 당신을 사랑한다 하면서도 그에 합당한 처신을 하였는가.' 돌아보니 군데군데 찢기고 할퀸 상처투성이요, 아픔이라. '내 탓이요, 내 탓이로소이다'를 탄식하듯 깨물며 머리를 세차게 흔들었다. 그리고 이제라도 새롭게 시작하자 마음을 다지며 이렇게 주님 앞에 섰다. 어디서 구입을 했는지 예쁜 컵으로 요르단 강물을 떠서 성수로 뿌려주며 예식을 행하는 젊은 사제의 모습은 문득 예수님께 세례를 주신 세례자 요한을 연상케 했다. 사제의 거룩한 손으로 안수를 받는 순간 머리가 뜨거워지면서 정신이 몽롱해졌다. 아, 이 순간 무슨 말이 필요하리. 이 강물에 얼굴을 씻거나 머리에 물을 뿌리며 그 자리에서 세 번 입수하는 체험을 할 수 있다는데 나는 슬며시 뒷걸음쳐 자리를 떴다. 왠지 민망하고 부끄러워 자신이 없었다.

이 죄인을 다시 태어나라 하신 세례 터에서 발길을 돌리며 사위를 둘러본다. 이름 모를 새 한 마리 힘찬 날갯짓을 하여 창공을 가른다. '부디 이 땅에 평화를!'

일곱 번째 이야기

나의 수호천사 요셉과 스테파노

오늘, 드디어 광야를 체험하는 날이다. 예리코와 예루살렘 사이에 있는 유대 광야를 성치 않는 이 발로 걸어야 한다.

쿨쿨 단잠을 자고 있는 룸메이트 마리나가 깰세라 자리에서 그대로 웅크리고서 두 손을 모은다. 마음으로 드리는 간절한 기도는 어디서 다 그렇게 쏟아져 나오는지 주님을 붙들고 한참을 매달렸다. 순간 씁쓸한 미소가 입가에 맴돈다. 많이 다급하긴 다급한 모양이다. 하기야 누구나 급하면 으레 붙잡는 만만한(?) 하느님이 아니신가.

그래 가 보자. 지금까지 나 혼자 움직였나? 당신이 보내준 두

천사. 그랬다. 처음부터 두 수호천사가 그림자처럼 내게 따라붙지 않았는가. 참 염치도 좋은지고. 그러나 생각만 해도 은근히 든든하고 믿음직스럽기만 하니 원, 뻔뻔스럽기도 하다.

희붐하게 밝아오는 여명의 아침. 단단히 마음을 추스르고 모자와 썬글라스, 메모지 등을 챙기고 가벼운 차림으로 버스에 올랐다. 착하고 선하기만 한 요셉 내외가 옆자리를 권한다. 조금 후 살랑살랑 마냥 기분이 좋은 듯한 스테파노 내외가 목례를 한다.

진정한 하느님의 참사랑이란 먼 곳에 있는 것이 아니라 아주 가까운 이웃 사랑 안에 있음을 말없이 보여주는 젊은 그들. 그들을 바라보며 마냥 좋아 생글거리며 괜히 창밖을 두리번거린다.

예리코를 지나 광야 입구에 다다랐다. 어김없이 두 천사가 다가오더니 강철같이 단단한 팔로 내 양어깨를 하나씩 끼고 차렷 자세로 나를 쳐다보며 씨익 웃는다. 나는 그들의 짝꿍 마리아와 소피아에게 고맙다는 눈인사를 하고 어쩐지 겸연쩍어 두 남자를 번갈아 쳐다보며

"허허, 좌청룡 우백호일세." 하며 헛웃음을 쳤더랬다.

가도 가도 끝이 없는 삭막한 이 길을 두 천사의 부축을 받으며 걷고 또 걷는다. 예수님께서 사탄의 유혹을 받으셨던 곳. 그리고 세례자 요한이 메뚜기와 석청으로 연명하며 회개와 천국에 대한 멧세지를 전파했다는 역사의 현장에 서 있노라니 왠지 내 삶의 여정이 초라하고 어설퍼 망연히 하늘만 쳐다보았다. 그때, 어디

선가 광야에서 외치는 소리가 아스라이 환청으로 들려왔다.

"회개 하여라, 하늘나라가 가까이 왔다."

한참을 그렇게 걷다보니 비로소 깊은 골짜기에 집이 하나 보였다. 가이드의 설명에 의하면 5세기에 그리스 정교회에서 세운 "성 조지 수도원"이며 이 수도원 주변의 십자가 표시는 이곳에 살았던 수사님들의 죽음을 기념하는 표시라고 했다. 다시 그 반대 방향으로 돌아다봤다. 깎아지른 듯한 절벽 곳곳에 사람이 겨우 들락거릴 수 있는 동굴들이 보였다. 물도 나무도 변변한 땅 한 평도 없는 황무지인 이 척박한 땅에서 숨을 쉬고 살았을 저들의 삶은 누구를 위한 것이었을까? 문헌에 의하면 아르멜 절벽 저 동굴 집들은 로마의 정복자들에게 대항하는 반란군들이 숨어 살았다고 한다. 그리고 산 중턱과 바위 돌들이 골골이 주름 잡혀 있음은 유목민들이 기르는 염소나 양들이 지나다닌 길의 흔적이란다. 그 끝에 양치기 소년 다윗이 불렀다는 시편 23장 "주님은 나의 목자시니…." 라는 성가를 흥얼거리며 사연 많은 이 광야에서 내려갈 채비를 서둘렀다.

또다시 두 사나이가 다가온다. 이렇듯 나의 수호천사들의 아낌없는 배려로 그토록 고심했던 광야 체험을 거뜬히 마무리했다. 이 어찌 주님께서 베푸신 차고 넘친 은총의 덕분이 아니겠는가.

여덟 번째 이야기

십자가의 길과 주님 무덤 성당

성벽으로 둘러싸인 예루살렘의 옛 도시 안의 골고타 언덕과 '예수님 무덤 성당'이 있는 곳을 향하여 묵주를 들고 행군을 서둘렀다. 1처 채찍질 성당은 안토니오 요새 자리여서 못 가고 2처 '선교 기념 성당'에서부터 시작하여 '주님 무덤 성당'까지 계단을 오르락거리며 한 걸음 한 걸음 발을 떼며 예수님이 지고 가신 무거운 십자가의 그 길을 그분과 함께 걸었다. 한 처가 끝날 때마다 "어머니께 청하오니 내 맘속에 주님 상처 깊이 새겨 주소서!"를 울먹이는 목소리로 읊조리면서 길을 따라 진지하게 올라가는데 점점 소란스런 소리가 신경을 자극하는 것으로 봐서 이미 분심이 들고 있다는 증거렷다. 고개를 들어 양 옆을 쳐다보니 순전한 시장 길의 연속이 아닌가. '쉘라쉘라!' 유태인들의 호객을 부르는 소리와 값을 흥정하는 소리로 뒤죽박죽이 된 마음은 이미 그들을 따라가고 있었다. 그러나 '무덤 성당' 앞에 이르자 그토록 질척거리던 소음은 어디로 사라지고 10처부터 14처까지는 누구도 범접할 수 없는 영원의 찰라였다. 이튿날 새벽 그곳 '무덤 성당'에서 바치는 미사는 자신을 향한 질책으로 범벅이 되어 흐르는 눈물을 주체할 수 없었다. 미사 후 주님 석관에 머리를 대고 묵주를 문지르며 무릎을 꿇고 입 맞추며 침묵으로 말씀을 나눌 때 눈물은 뺨을 타고 가슴으로 흘러내렸다. 이 눈물의 정체는 딱히 표현할 길은 없지만 내 영혼의 아린 부분이 씻어져 내리는 것 같은 카타르시스를 동시에 맛볼 수 있었다는 것이다.

오늘의 십자가의 길과 '주님 무덤 성당'에서 주님과의 뜨거운 만남은 오래오래 간직하고 싶은 나만의 염원이리라.

아홉 번째 이야기

베들레헴과 주변 성지

예수님이 탄생한 곳이자 다윗의 고향이기도 한 베들레헴. 예수 그리스도의 죽음과 부활 그리고 승천으로 이어지는 구세사의 한 축을 이루고 있는 이 작은 마을을 순례하면서 여러 생각들이 스쳐갔다.

내 어린 시절, 교회하고는 담이 먼 내가 크리스마스 이브날이면 달콤한 눈깔사탕과 빵조각의 유혹에 이끌려 자정부터 새벽까지 성도들의 집 앞에서 '고요한 밤 거룩한 밤, 기쁘다 구주 오셨네.' 등의 캐럴송을 아무 생각 없이 무작정 따라 불렀던 아련한 추억들이 되살아나는 그곳에 시방 내가 있다.

베들레헴은 팔레스타인 자치구역 안에 있었다. 팔레스타인 국기가 펄럭이고 '예수 탄생 기념 성당'은 기독교의 성지가 되어 기독교인들이 관리하고 있는데도 불구하고 팔레스타인 국가의 1호 유네스코 지정 문화유산으로 등재되어 있다고 하니 이해하기가 힘든 사실이다. 그리고 '탄생 교회'는 로마 카톨릭 교회, 그리스 정교회, 아르메니아 교회 이 세 종파가 소유하고 있으며 더욱이나 구유제단과 구유는 카톨릭 소유이고, 예수 탄생 동굴 위의 제대에서 왼쪽 부분은 아르메니아 정교회 소유이며 그 나머지는 거의 그리스 정교회의 소유라고 하는데 이럴 수가. 그뿐만이 아니다. 이 세 종파가 공동으로 관리하고 있기 때문에 시간을 달리하여 성직자들만 새벽 예배를 드릴 수 있다. 심지어 '예수님 탄생 동굴'로 들어가는 입구가 종파마다 다르며 돌구멍이 있는 통로는 로마 카톨릭 교회가 사용하고 있다니 피차간에 양보할 수 없는 종교적 그리고 인간적 딜레마에 빠진 현실이 아닌가 싶은 생각이 든다. 외세의 침략으로 파괴되고 또 복원되며 그때마다 운명을 달리하는 수난의 성지. 기어코 우리는 예수님 성탄 성당 안으로 들어가지 못하고 '겸손의 문'이라는 조그마한 문으로 나와야 했다.

천사들이 양치는 목자들에게 예수 탄생을 알린 곳으로 추정되는 '목자들의 들판 성당.' 결혼 후 수태를 못한 부부들의 기도를 들어 준다는 '수유 성당,' 세례자 요한의 출생지이며 마리아가

친척 엘리사벳을 방문한 곳으로 이름난 '아인카렘 마을', '성모님 엘리사벳 방문 성당', '세례자 요한 탄생 기념 성당' 등을 차례로 둘러보았다. 그리고 성 예로니모 신부가 헬라어로 써진 신약, 구약 성서를 라틴어로 번역한 역사적 장소인 예로니모 경당에서 우리는 미사를 드렸다.

열 번째 이야기

겟세마네동산에 오르며

동산을 향해 무거운 발걸음을 뗀다. 햇볕에 하얗게 굽이쳐 내리는 키드론 골짜기를 끼고 말없이 묵주 알을 굴리며 주님이 밟았던 고난의 길을 오늘은 이렇게 당신의 종들이 걷고 있다. 언제부턴가 내 의식 속에는 예루살렘 하면 올리브 산이 떠오름과 동시에 키드론 골짜기와 겟세마네동산이 등식처럼 연결이 된다. 과연 와서 보니 역사적인 사건이 있을 때마다 주님은 이 골짜기를 따라 올리브 산에 오르시어 하느님을 애타게 찾으셨을 것이다.

한참을 가다보니 주님께서 절정의 고뇌를 맞으셨던 그 터에 자리한 '겟세마네 대성당'이 눈앞에 있다. 성당 주위에 꽤 많은 올리브나무가 있다. 햇빛에 반사되어 반짝거리는 잎새들이 마치 우리 일행을 반기는 듯 가늘게 한들거렸다. 그 중에 여덟 그루가 예수님 생존 시대부터 있었던 나무라니 어떻게 그럴 수가. 그러나 듣고 보니 고개가 끄덕여졌다. 고목의 원 뿌리가 잔존하여 새싹이 돋고 그 싹이 나무로 자라 고목이 되면 또 거기에서 새싹이 돋기를 반복 반복하여 오늘에 이르렀으며 지금도 여전히 열매를 맺는다고 했다. 마치 이천 년을 떠돌다 다시 찾은 이 나라 역사를 대변하듯 질기고 질긴 생명력에 마음이 숙연해지면서 자연의 섭리 앞에 그만 고개가 수그러진다.

성당 안으로 들어갔다. 죽음의 공포와 두려움 속에, 그리고 인간적 갈등으로 괴로워했을 예수님의 체취가 묻어나는 곳. 괜히 숨쉬기조차 조심스런 성당 안의 분위기는 어둑시근한 조명으로 하여금 더더욱 가라앉았다. 마음을 가다듬고 서서히 주위를 살핀다. 곳곳에 모자이크로 처리한 성화들이 돋보인다. 성당 벽에는 예수님께서 자신과 세상의 고통을 하느님께 바치는 장면을 묘사한 모자이크가 새겨져 있다. 천정과 바닥 특히 이 성전 바닥에 깔려있는 모자이크는 비잔틴 시대의 것이라니 그 세월의 흐름이 얼마인가. 또 화려한 건물 정면에는 복음사가가 복음서를 쥐고 있는 모습의 동상이 있으며 이 아름다운 실내 장식과 은은히 흐르는 조명으로 하여 시방 우리와 함께 계신 당신의 현존을 어렴풋이나마 느낄 수 있어 가슴에 작은 파문이 일었다.

신부님께서 미사 준비를 하는 동안 일행은 제대쪽으로 하나 둘씩 모여 들었다. 제대 바로 앞에는 예수님께서 피땀을 흘리시며 기도했던 제법 큰 너럭바위가 자리하고 있었다. 오는 대로 무릎을 꿇고 깊은 침묵 속에 빠져 들었다. 바로 이곳에서 "아버지, 아버지께서 원하시면 이 잔을 저에게서 거두어 주십시오. 그러나 제 뜻이 아니라 아버지의 뜻이 이루어지게 하십시오."(루카 22, 42) 하신 예수님의 고뇌와 처절한 기도를 묵상하며 자신을 돌아보았다. 피치 못할 위급 사항이 돌발했을 때 내 이웃을 위해 살신성인의 마음 자세를 취한 적이 있는가. 가슴에서 우러나오는 절절한 기도를 얼마나 해 보았는가. 자신에게 묻는 시간이었다. 한참을 그 안에 푹 빠져 있다가 눈을 떠보니 기겁할 광경이 눈앞에 펼쳐졌다. 예수님께서 땀방울이 핏방울이 되도록 기도했다는 그 성스런 바위 안으로 너도 나도 들어가 넙죽 엎드려 있는 것이 아닌가. 더욱 가관인 것은 몇몇의 궁둥이가 하늘로 쳐들어 있는데 어떤 것은 갈릴리 호수 위의 둥근 달로, 어떤 것은 가운데에 제법 골이 패인 키드론 골짜기로, 각양각색의 무늬를 새기며 바윗돌에 코를 박고 있는 저들을 어찌할꼬…. 그들은 한참을 꿈쩍 않고 기도 삼매경에 빠져있는데 현지의 수사님이 기겁을 하며 소리치는 바람에 부

스스 일어나 슬금슬금 빠져나가는 모습이라니. 주님 보시기에 얼마나 사랑스럽고 측은 깜찍했을까, '요오놈들! 내가 공포와 번민에 휩싸여 힘들어 하며 "너희는 여기 남아서 깨어 있어라" 할 때는 쿨쿨 잠을 자고 있더니 오늘의 너희는 금단의 새끼줄을 제치고 들어와 이런 모습으로 내 앞에 바짝 다가서 있구나!' 하시며 빙그레 웃으실 것만 같다. 이번 순례 여정에 이 깜짝 이벤트는 우리의 심심풀이 땅콩으로 두고두고 회자될 것이다.

열한 번째 이야기

통곡의 벽

'산천은 의구한데 인걸은 간 데 없다.' 하였던가. 유대민족의 신앙의 상징이자 전 세계에 흩어져 사는 유대인들의 안식처요 순례지로 손꼽히는 통곡의 벽 앞에 섰다. 그들 신앙의 태 자리인 성전은 형체도 없고 간신히 서쪽 담벽만 남아있는 그 앞에서 어른 아이 할 것 없이 토라를 읽으며 머리를 조아리고 소리치며 울부짖는 사람, 사람들. '질곡의 세월을 살아온 그들만의 한맺힌 절규일까, 아니면 뼛속까지 뿌리내린 신앙의 표현일까?' 그들의 진지하고 애틋한 모습에서 지지부진한 자신의 신앙의 순도를 헤아리며 은연중에 얼굴이 달아오름을 감출 길 없다.

통곡의 벽. 문헌에 의하면 그 옛날 지성소가 자리했던 이 성전은 유대인들에게는 야훼의 거쳐요. 현존을 뜻하며 그들은 이곳에 와서 민족이 뿔뿔이 흩어짐을 슬퍼하고 그 성전이 폐허됨을 통곡하였기로 '통곡의 벽'이라 지칭한다고 했다. 검정색으로 통일한 양복과 모자와 구두, 허리춤에서부터 길게 늘어뜨린 하얀 띠. 그들은 복장부터가 함부로 근접 못할 위엄이 서려 있었다.

덧없는 역사의 뒤안길에서 땅을 치고 통곡을 하며 유랑으로 떠도는 그들이지만 한 치의 흔들림 없이 유대교의 규범과 관습을 유지하며 세계에서 가장 뛰어난 민족으로 평가받은 그들. 수십 세기 동안 고난과 박해와 역경 속에서도 정체성을 잃지 않고 오히려 그들만의 종교, 사상, 교육으로 똘똘 뭉친 그 원동력은 과연 어디에서 비롯된 것일까.

지금으로부터 십오륙 년 전, 나는 히틀러 시대 독일의 강제 수용소였던 폴란드 아우슈비츠 제 1 포로수용소를 다녀왔다. 세계2차 대전 때 1,500만 명의 수용자가 이곳에서 살해되었다고 했다. 더구나 나치 독일의 광포한 역사 속으로 휩쓸려간 히틀러의 유대인 말살 정책으로 하여 단지 유대인이라는 이유만으로 역사상 최대 규모의 대 학살을 자행했던 그 현장을 둘러보며 더 이상 할 말을 잃었었다. 전쟁이 끝난 후 그 수용소 터에 박물관이 들어섰다. 특히 유대인 전시장 내부에는 이곳으로 끌려왔던 유대인들의 소지품들로 가득 했다. 한쪽 전시실에는 밑창이 반쯤 찢겨진 구두와 어린이들의 신발들이 산적해 있고, 또 다른 전시실에는 특유의 둥그런 안경들이 산처럼 쌓여 있으며, 어느 전시실에는 유대인들의 긴 머리카락들이 수북하였다. 왜 구두창이 저렇듯 찢겨졌느냐 물었더니 머리 좋은 유대인들이 돈이나 금붙이 서류 등을 구두 뒷창에 숨겼을까 확인한 증거라고 했다. 그리고 그들에게서 자른 머리카락으로 카펫을 짜고 심지어 금이빨을 일일이 뽑아 녹여 썼으며 시체를 태운 뒤 그 뼈를 갈아 골분 비료로 썼다고 하니 더 이상 무슨 말이 필요하리. 이래서 그들은 조상들의 넋을 기리며 더욱더 분발하고 냉혹한 현실 안에서 자신들의 뿌리와 전통 문화 등을 신앙처럼 여기며 그렇게 꿋꿋이 살아가는 것일까.

성벽을 다시 한 번 어루만진다. 돌과 돌의 틈새에 풀들이 매달려 있다. 흙도 아닌 돌담 벽 틈새로 저렇듯 줄기차게 얼굴을 내밀고 있는지 저 풀들의 생명력이 경이롭기만 하다. 마치 이 성역 안의 주인을 닮은 듯 소리 없이 자기 소임을 다하는 저 풀들에게도 찬사를 보낸다. 그런데 돌 틈 사이사이에 하얀 종이들이 여러 군데 끼어 있었다. 알고 보니 자기의 소원을 적은 종이를 돌 틈에 끼워두면 소원이 이루어진다는 관습 때문에 이곳을 찾는 유대인들로 항상 붐빈다고 한다. 나도 재빨리 몇 가지 소망과 기도를 적어 돌 틈에 끼워 넣고 그들처럼 담 벽에 손을 얹고 곡진한 기도를 드렸다. 그런데 왜 그리 가슴이 콩당거리는지 누가 볼세라 슬그머니 자리를 떴다.

이제 이곳을 떠나야 할 시간. 그런데 갑자기 나팔소리 북소리

등 각종 악기들이 어우러져 북적거리며 장내가 슬렁거렸다. 마치 무슨 축제의 행렬이듯 앳된 남자 아이가 유대인 전통 복장을 하고 가운데 서고 그 주위에 가족 친지들이 앞장서 따르며 고수들의 장단에 맞춰 춤을 추며 들어오고 있었다. 알고 보니 성인식을 치르는 풍경이란다. 유대인들은 여자 나이 12살, 남자 나이 13살이 되면 '통곡의 벽' 안으로 들어와 성년이 되었음을 선언하고 잔치를 베풀며 이 의식을 치른다고 한다. 한편으로 유대교의 토라 경전을 믿고 따르는 삶을 살겠다는 종교적 의미가 담겨있으며 이 후부터는 보다 윤리적이고 책임감 있는 삶을, 그리고 모두에게 베풀며 희생하는 삶을 살겠다는 일종의 서약을 하는 의식이라고 한다. 가파를 쓴 유대인들, 북치고 노래하며 소리를 지르며 덩실거리는 그 모습들로 하여금 구경꾼들 역시도 순간 어깨춤이 절로 났더랬다.

통곡의 벽 저 너머에 이슬람의 성전인 황금 돔 사원이 빛을 발하고 있다. 유난히도 황금빛으로 물들며 예루살렘 시가지에 우뚝 서 있는 이 사원은 억겁의 세월의 흐름이 무상함을 말해주듯 그저 빛을 발하고 있을 뿐이다. 치열하게 싸우고 부수고 넘어뜨리며 그 시대를 풍미했던 그들은 다 어디에 있는가.

수십 세기를 버텨온 한쪽 성벽은 지금도 그 자리를 붙들고 있는데 정작 인걸은 오간 데 없으니…….

열두 번째 이야기

천년 고도의 땅 예루살렘

돌고 돌아 이스라엘 순례 여정의 정점인 예루살렘에 다다랐다.

예수님은 자신을 희생 제물로 바쳐 온 인류를 구원하려고 나귀를 타고 입성했고 우리는 그 역사의 현장을 가슴으로 눈으로 담아가기 위해 먼 길 마다않고 달려왔다.

그런데 첫발을 내딛었던 텔아비브와 예루살렘 분위기는 달라도 한참 달랐다. 텔아비브가 우리나라 동탄 신도시 같은 곳이라면 예루살렘은 고대의 흔적이 물씬거리는 경주 같은 느낌이 들었다. 휘황한 불빛과 하늘 높이 치솟은 빌딩 숲 대신 엷은 황금색의 예루살렘은 모든 건물의 벽이 법으로 규정된 돌로 지은 베이지색 돌

집이었다. 왠지 스산하고 메마른 듯 하면서도 시간의 퇴적층으로 켜켜이 쌓인, 수천 년 고도의 도시, 말 그대로 올드 시티(old city) 였다.

숱한 외세의 침략으로 무너졌다 재건되길 반복하며 8m 높은 성벽으로 둘러 처진 수난의 땅, 종교, 문화, 역사가 다른 유다인 그리스도인 회교인 아르메니아인들과 동거하며 일촉즉발의 위험 속에 살아가는 땅. '평화의 도시'라는 뜻을 지닌 이곳은 평화와는 거리가 멀 수밖에 없는 조건들이었다. 이곳 예루살렘은 그리스도교, 유다교, 이슬람교 세계 3대 종교의 성지가 한꺼번에 모여 있어 아랍권의 침략, 유다인의 시오니즘 운동으로 유혈 분쟁이 지금까지도 끊이지 않고 있기 때문이다.

이번 순례에 함께한 바오로 형제가 심혈을 기울여 만든 '예루살렘 주변의 성지 순례' 지형도를 들여다본다. 길게 펼쳐져 있는 키드론 골짜기가 한 눈에 들어온다.

다윗왕의 무덤이 있으며, 예수님께서 겟세마니에서 올리브 산으로 올라가실 때 지나갔던 길임과 동시에 성 목요일에 베파겟에서 나귀를 타고 예루살렘을 입성하실 때, 그리고 유다의 배신으로 가야파의 집으로 끌려가실 때에도 이 길을 지나갔다는 골짜기이다. 이 계곡을 중심으로 올리브 산이 있는 동 예루살렘과 시온 산이 있는 서 예루살렘 지역으로 나눠진, 그 안에 어느 한 곳도 빼 놀 수 없는 성지들로 빼곡히 들어차 있다.

동예루살렘 주변부터 순례가 시작되었다. 우선 주님께서 나귀를 타고 입성하신 베파겟에서 출발하여 이슬람 사원의 일부인 '주님 승천 경당'과 180여 개의 각국 언어로 표기된 '주님 기도문 성당', 예수님께서 곧 멸망하게 될 예루살렘을 보시면서 우셨다는 '눈물 성당', 예수님께서 돌아가시기 전날 밤 최후의 기도를 드렸다는 '겟세마니 대성당' 등을 순례하였다. 다음날 시온산이 있는 서예루살렘 '베짜다 연못'을 시작으로 성모님의 어머니 성 안나를 기념하는 '성 안나 성당'과 걸어서 골고타 언덕 십자가의 길을 '선교 기념 성당'에서부터 시작하여 '주님 무덤 성당'까지 거의 2시간에 걸쳐 묵주기도를 바치며 고난의 길을 걸었고, 10처부터 14처가 있는 예수님 무덤 성당 앞에서 골고타 언덕 십자가 경배와 무덤 경배로 절정을 이뤘다.

예루살렘 3일째 마지막 순례는 동이 트기 전에 다시 '주님 무덤 성당'을 찾아 거룩한 미사를 드릴 수 있는 영광을 누렸고, 바로 유대교인들이 가장 성스럽게 생각하는 '통곡의 벽'을 거쳐 동정 마리아의 영혼이 들어 올림 받으심을 기념하는 '성모 영면 성당'과 '마르코 다락방'과 지하에 있는 '다윗의 가묘'를 순례하고 '최후의 만찬 기념 성당'에서 주님의 성찬례를 봉헌하고 요르단강 세례 터에서 가져온 물로 신부님은 한 사람 한 사람 우리 모두의 발을 씻어 주었으니 이 무망지복을 무슨 말로 대신하리. 그리고 닭이 울기 전 주님을 세 번이나 부인했던 베드로가 회개

하며 땅을 쳤던 것을 상징하는 '닭울음 성당'을 끝으로 예루살렘 주변 순례를 일단 마무리했다. 그리고 늦은 점심 후 예수님께서 부활하신 그날 두 제자에게 나타나셨던 마을 엠마오와 지중해 물결이 출렁거리는 항구 도시 야포의 '베드로 환시 기념 성당'을 끝으로 7박 9일의 순례 여정을 무사히 마치고 텔아비브의 벤구리온 공항에서 인천 공항으로 출발하는 비행기에 몸을 실었다. 이제부터는 허접했던 내 삶이 주님 안에서 새 지평을 향해 걸어갈 차례다.

서순초 수필집
봄날은 간다

인쇄 2024년 3월 25일
발행 2024년 3월 29일

지은이 서순초
발행인 서정환
펴낸곳 수필과비평사
주소 서울시 종로구 삼일대로 32길 36
(익선동 30-6 운현신화타워) 305호
전화 (02) 3675-3885 · (063) 275-4000
팩스 (063) 274-3131
이메일 essay321@hanmail.net
출판등록 제300-2013-133호
인쇄·제본 신아출판사

ISBN 979-11-5933-505-1 (03810)
값 13,000 원

Printed in KOREA